AF596775

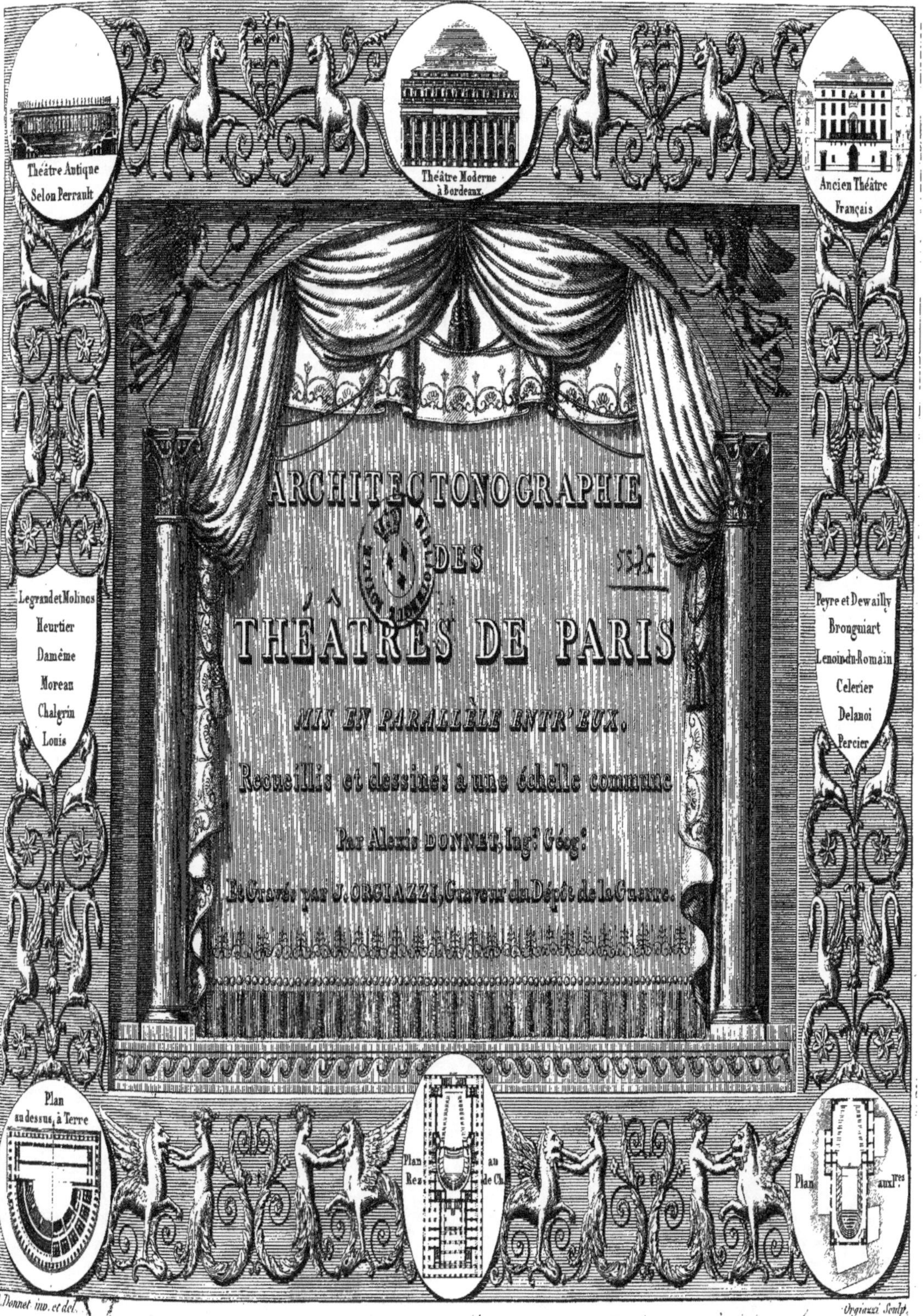

A.Donnet inv. et del.

Orgiazzi Sculp.

A PARIS, chez ORGIAZZI, Graveur-Editeur, Rue de la Harpe, N.° 102.

Théâtre de **L'ODÉON** (avant le dernier incendie.)

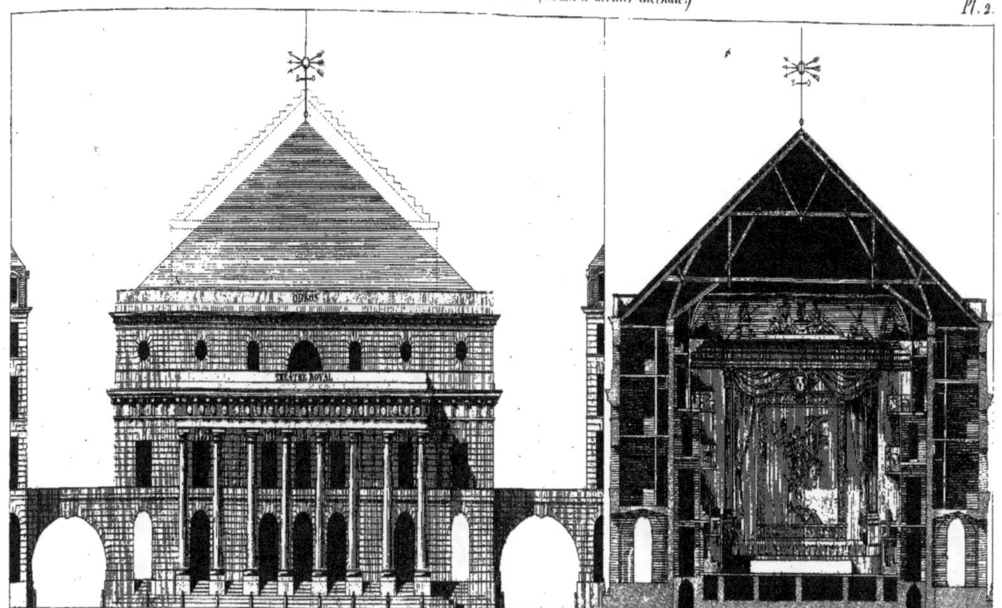

Elévation.

Coupe en travers.

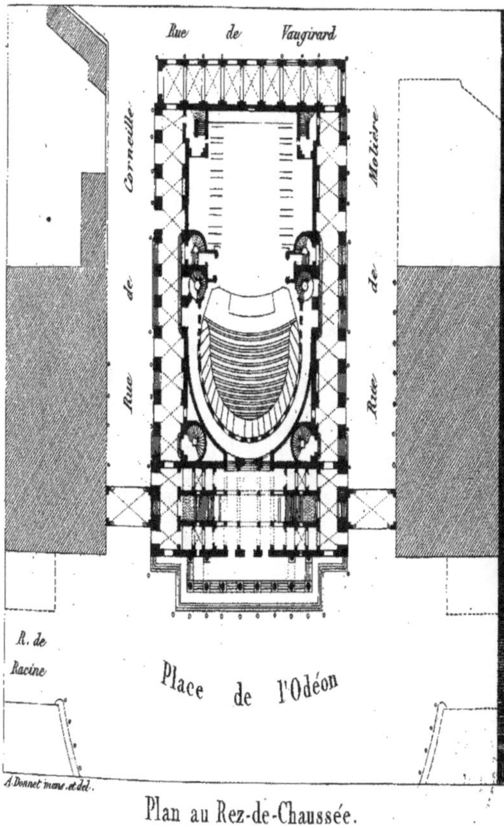

Rue de Vaugirard

Rue de Corneille

Rue de Molière

R. de Racine

Place de l'Odéon

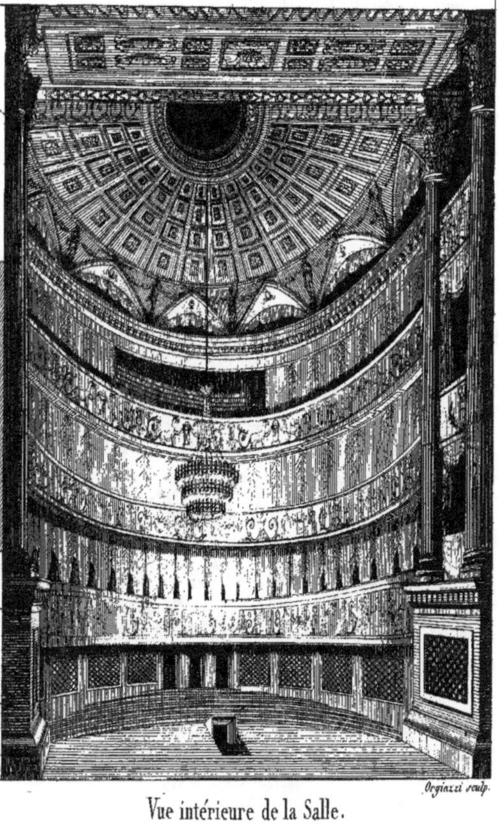

A. Donnet mens. et del.

Orgiazzi sculp.

Plan au Rez-de-Chaussée.

Echelles des Plans.

5 10 20 30 40 Métr.

10 20 Tois.

Vue intérieure de la Salle.

Echelles des Elévations Géométrales.

5 10 15 20 Métr.

5 10 Tois.

Théâtre FAVART.

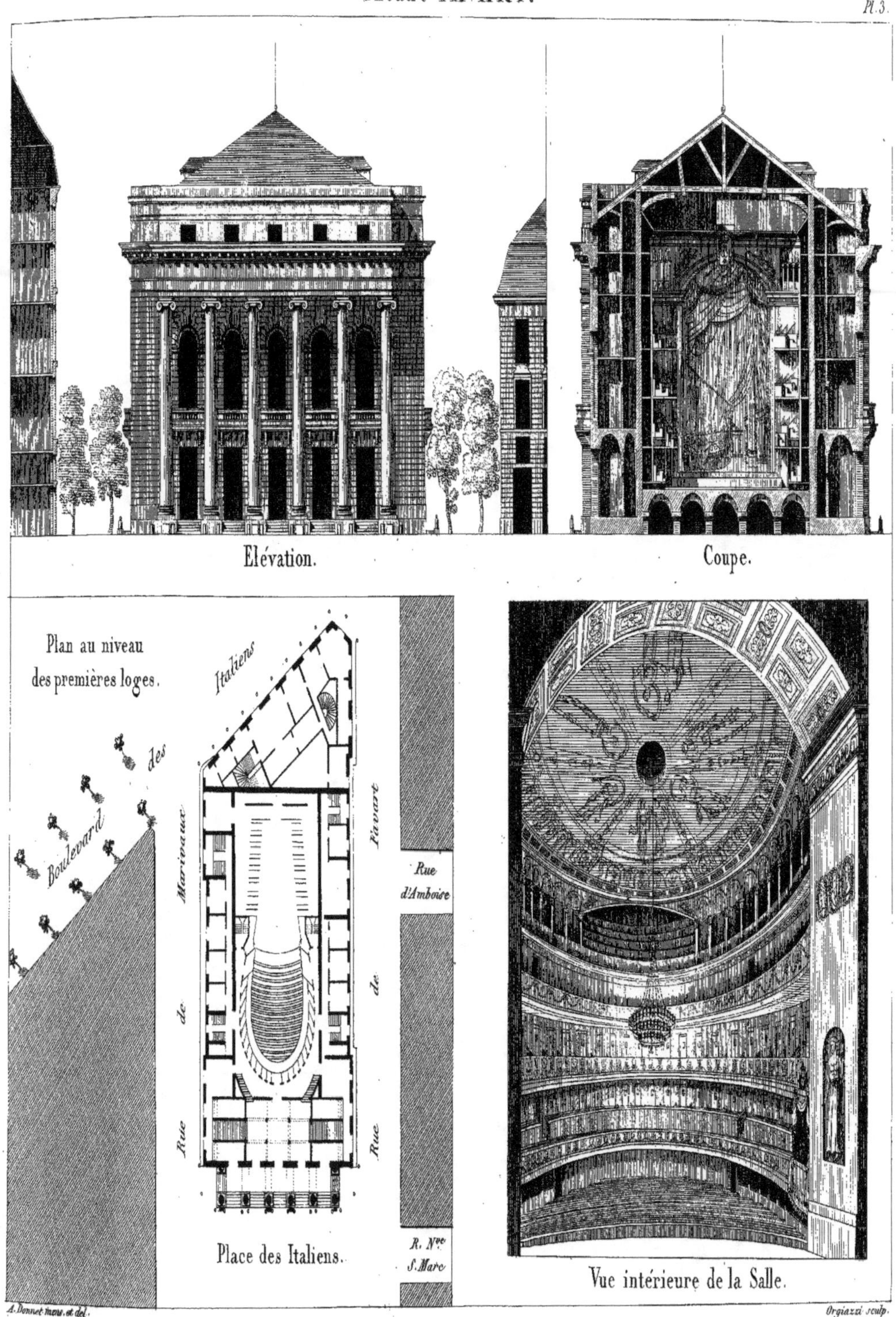

Echelles des Plans
5 10 20 30 40 Métr.
10 20 Tois.

Echelles des Elévations Géométrales.
5 10 15 20 Métr.
5 10 Tois.

Théâtres des VARIÉTÉS et du MARAIS (Détruit)

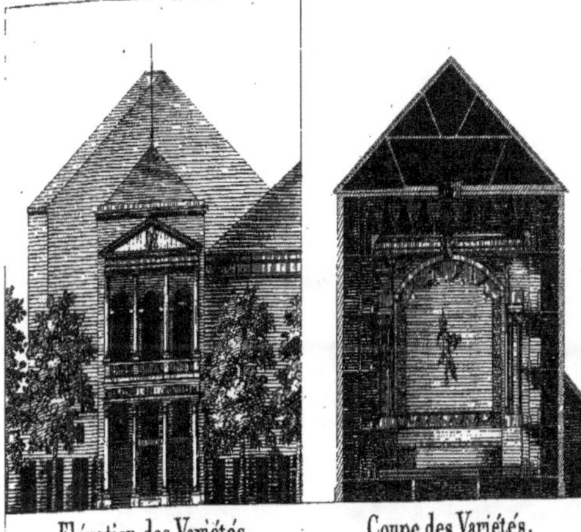

Elévation des Variétés. Coupe des Variétés.

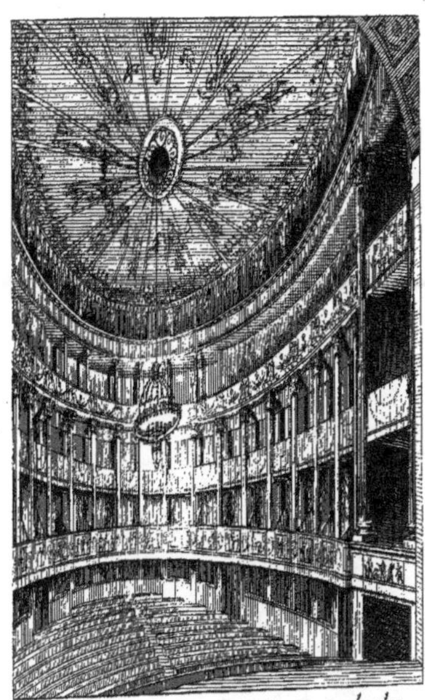

Vue intérieure de la Salle des VARIÉTÉS.

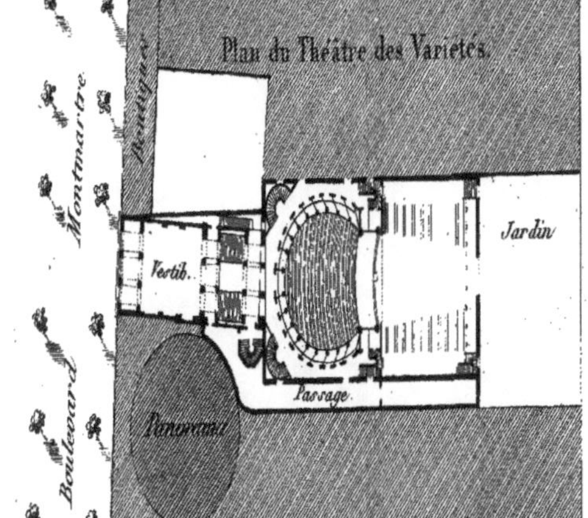

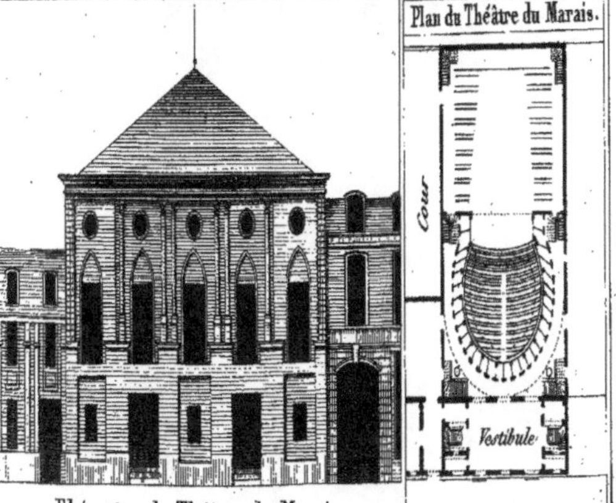

Elévation du Théâtre du Marais. R. Culture Ste Catherine

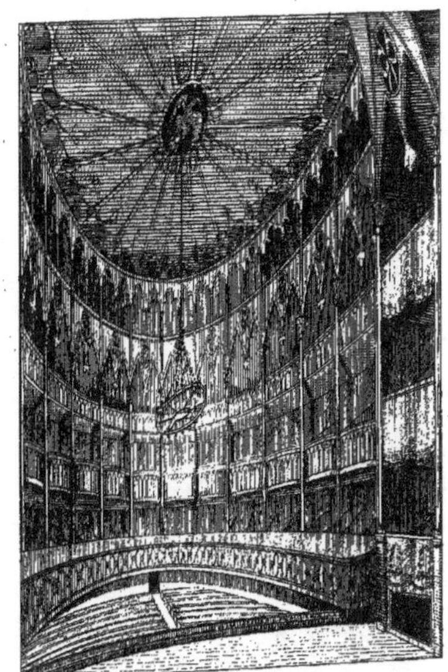

Vue intérieure de la Salle du MARAIS.

A. Donnet mens. et del. Orgiazzi sculp.

Echelles des Plans. 0 10 20 30 40 Metr. 10 20 Tois.

Echelles des Elévations Géométrales. 5 10 15 20 Metr. 5 10 Tois.

Théâtres de la **GAITÉ** et des **JEUNES ARTISTES** *(Détruit)*

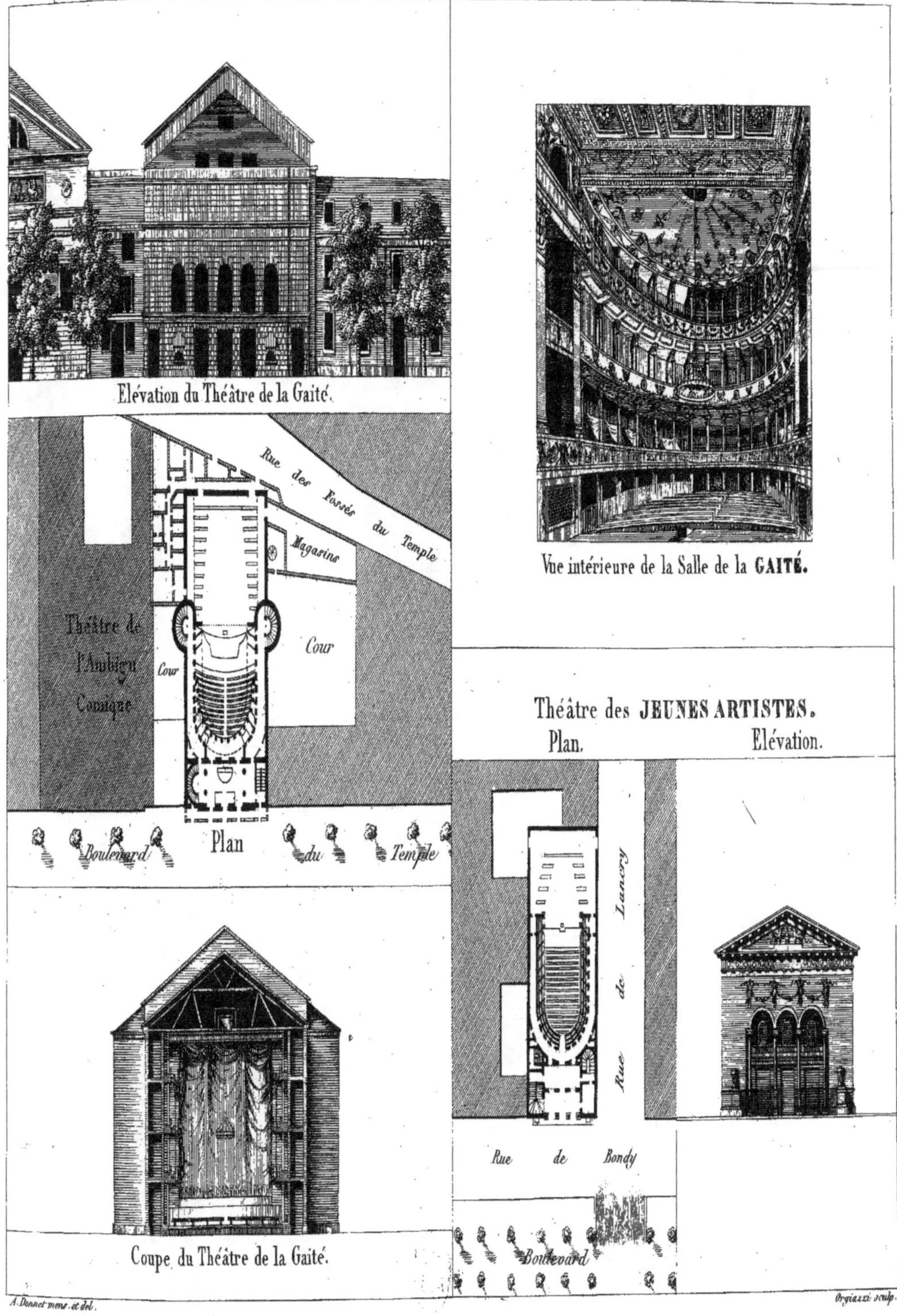

Elévation du Théâtre de la Gaité.

Vue intérieure de la Salle de la **GAITÉ.**

Coupe du Théâtre de la Gaité.

A. Donnet mens. et del.

Orgiazzi sculp.

Echelles des Plans. 5 10 20 30 40 *Métr.* 10 20 *Tois.*

Echelles des Elévations Géométrales. 5 10 15 20 *Métr.* 5 10 *Tois.*

Théâtre du GYMNASE Dramatique.

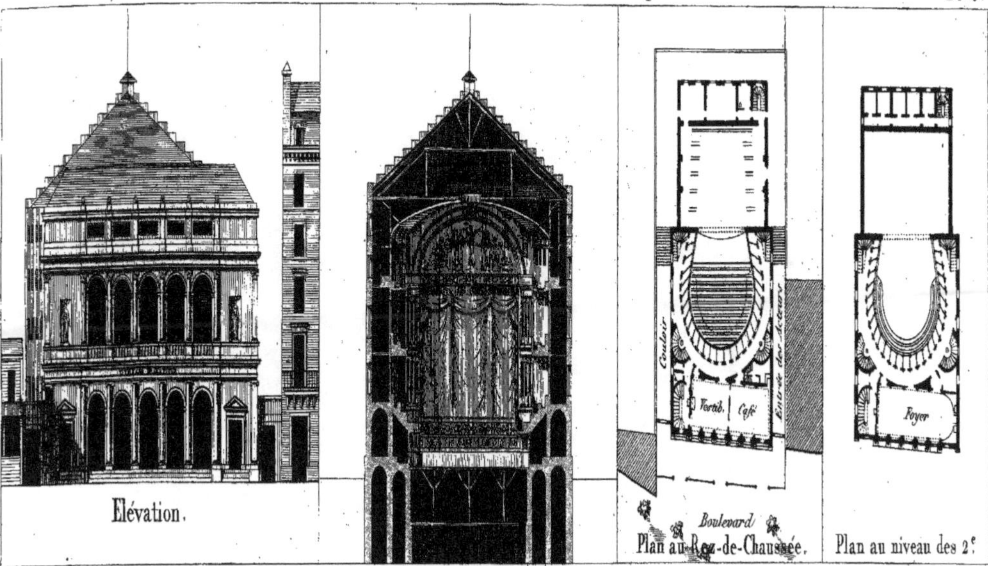

Elévation.

Coupe transversale.

Plan au Rez-de-Chaussée.

Plan au niveau des 2^es

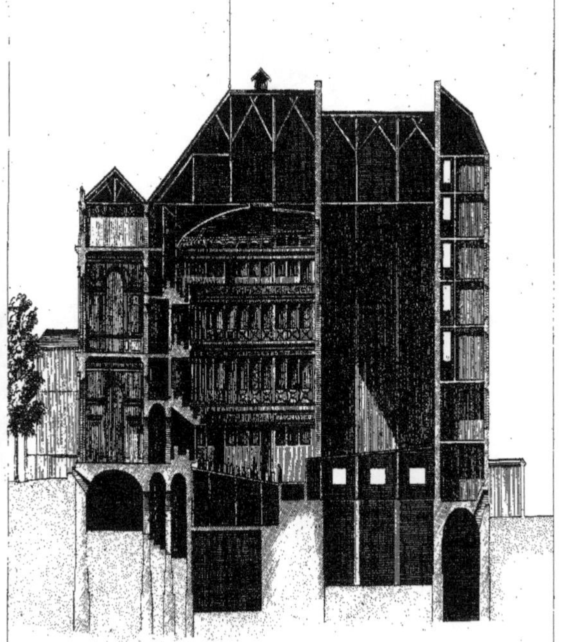

Coupe longitudinale.

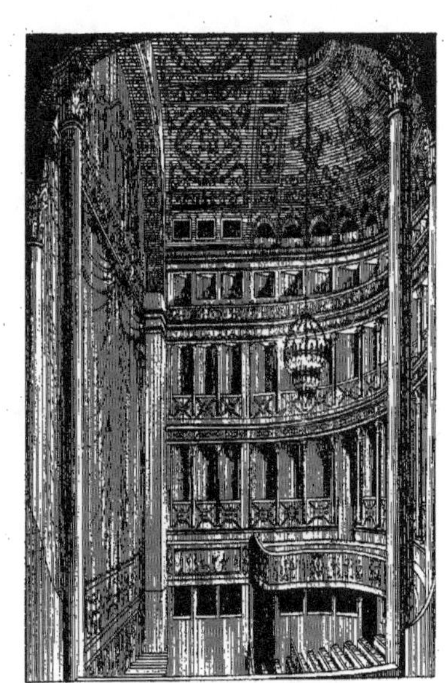

Vue intérieure de la Salle prise aux premières loges.

A. Donnet mens. et del.

Orgiazzi sculp.

Echelles des Plans.

5 10 20 30 40 Mètr.
10 20 Tois.

Echelles des Elévations Géométrales.

5 10 15 20 Mètr.
5 10 Toi.

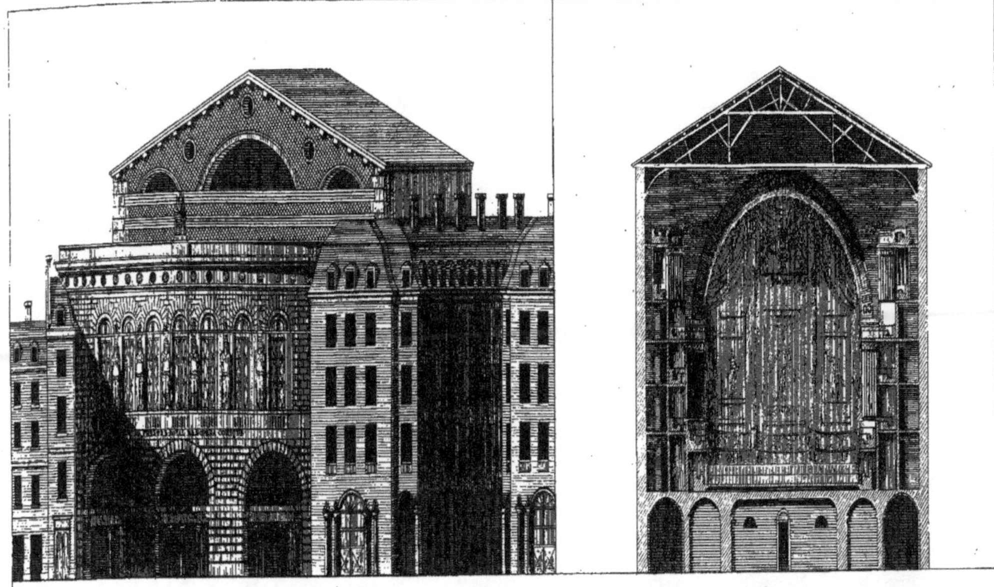

Elévation.

Coupe.

Cour

Passage Faydeau

Passage

Dessous du Théâtre

Vestibule

Rue des Colonnes

Rue Faydeau

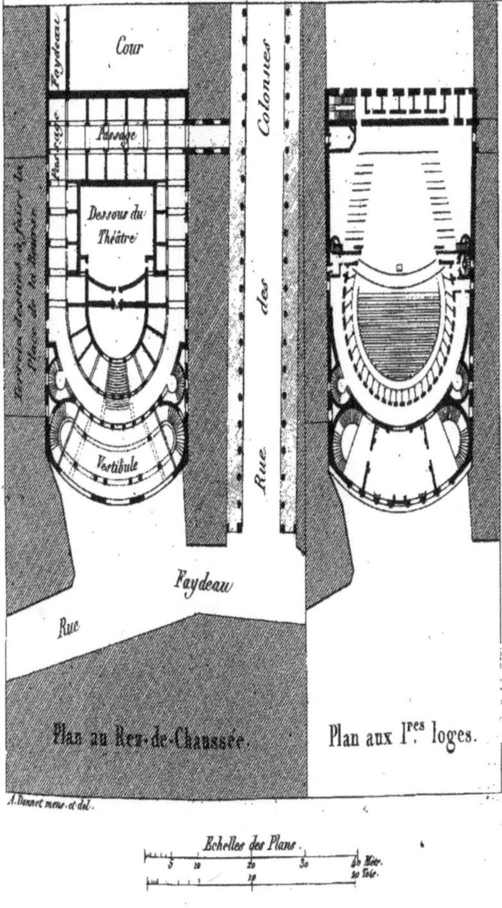

Plan au Rez-de-Chaussée.

Plan aux I.res loges.

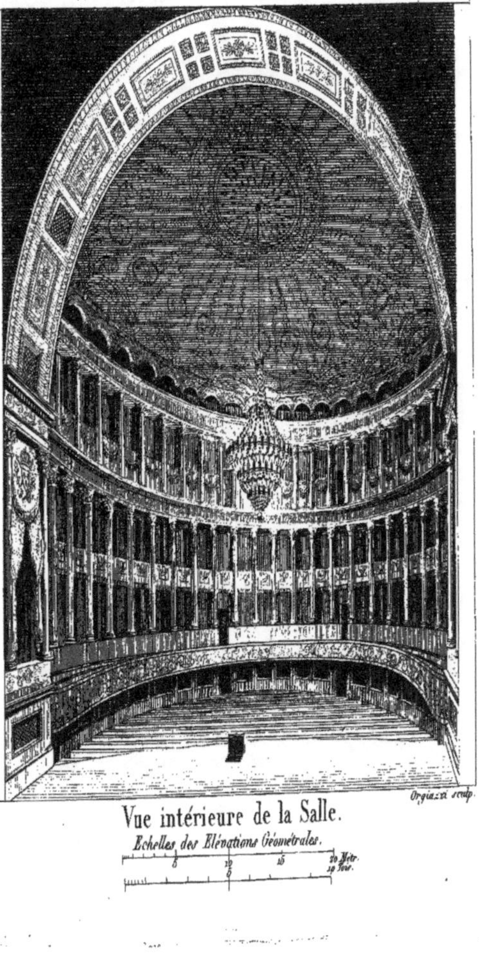

Vue intérieure de la Salle.

A. Donnet mens. et del.

Orgiazzi sculp.

Echelles des Plans.

5 10 20 30 40 Mètr.

10 20 Toi.

Echelles des Elévations Géométrales.

5 10 15 20 Mètr.

5 10 Toi.

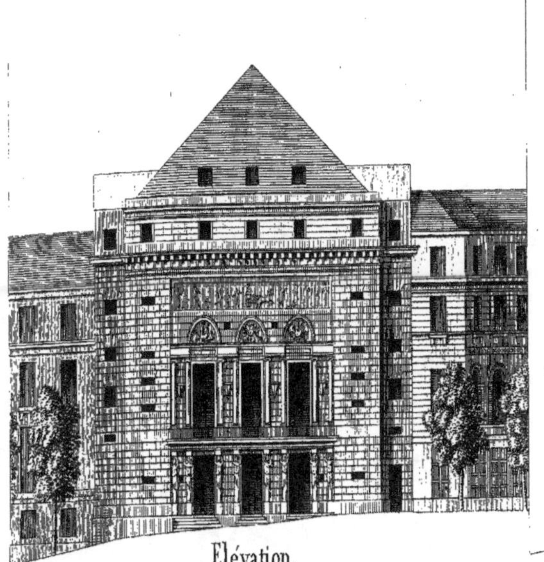
Elévation.

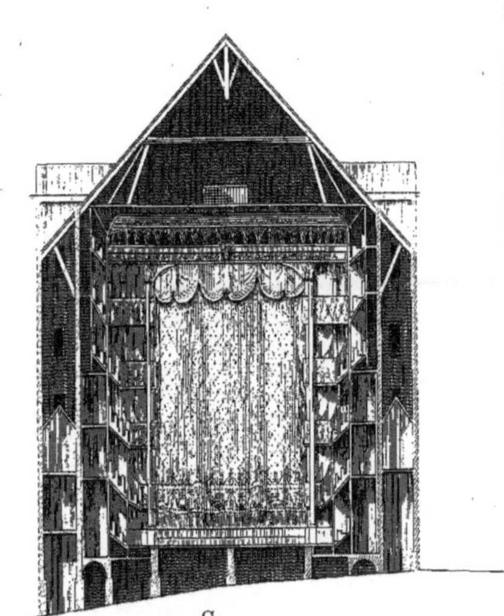
Coupe.

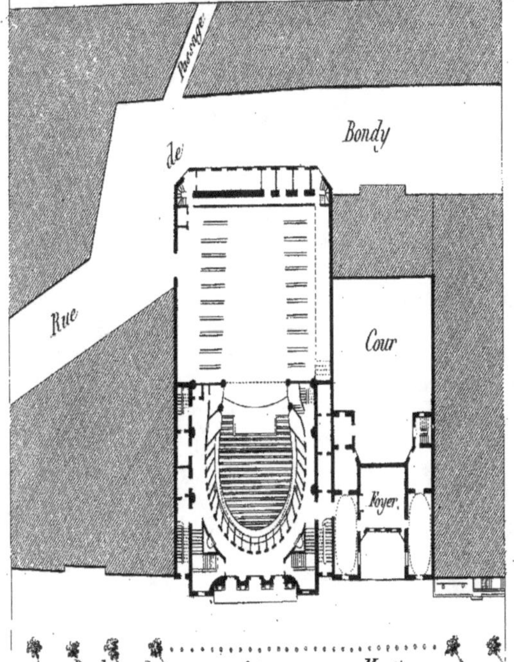

Plan au niveau des premières loges.

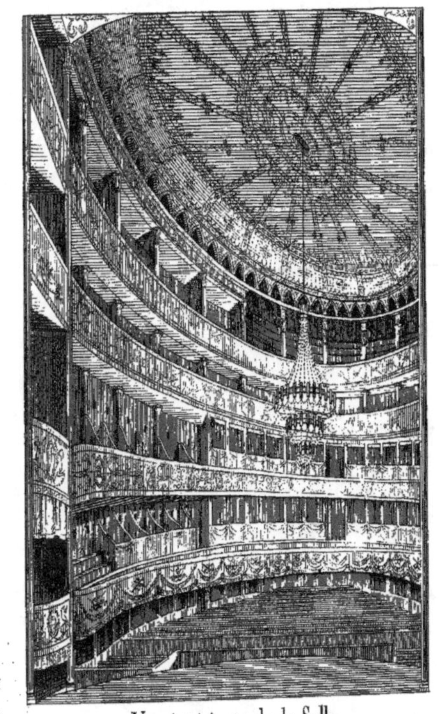
Vue intérieure de la Salle.

A. Donnet mens. et del.

Orgiazzi sculp.

Echelles des Plans.

5 10 20 30 40 Metr.
10 20 Tois.

Echelles des Elévations Géométrales.

5 10 15 20 Metr.
5 10 Tois.

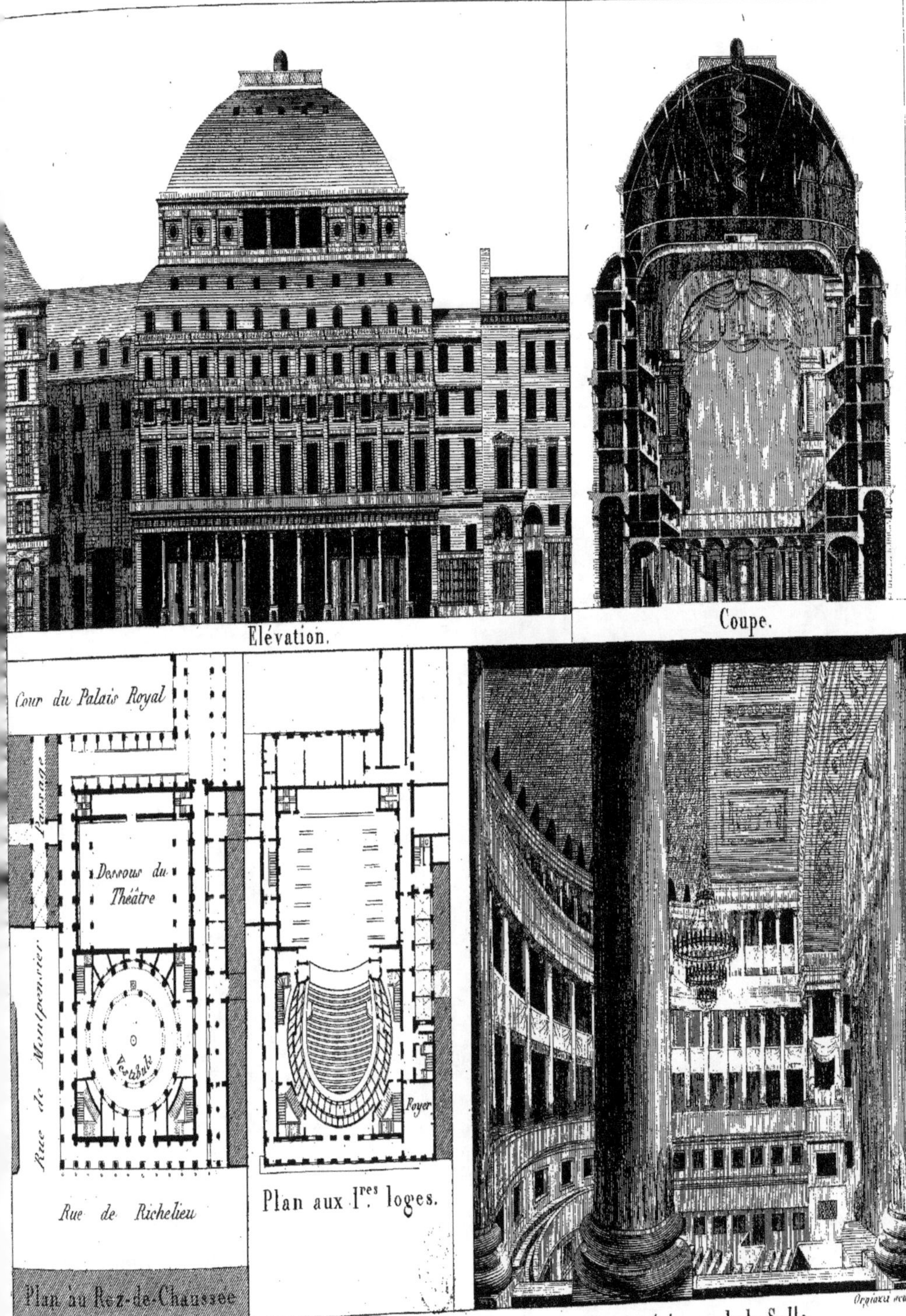

Vue intérieure de la Salle.

Echelles des Elévations Géométrales.
5 10 15 20 Métr.
5 10 Tois.

Echelles des Plans
5 10 20 30 40 Métr.
10 20 Tois.

Théâtres de L'AMBIGU COMIQUE et de MOLIÈRE *(Fermé)*

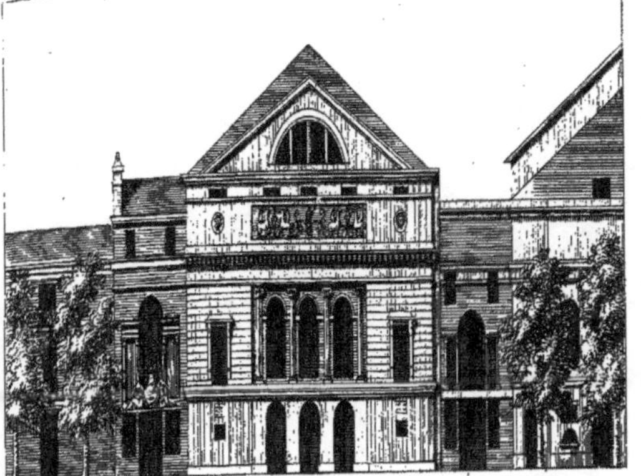

Elévation de l'Ambigu Comique.

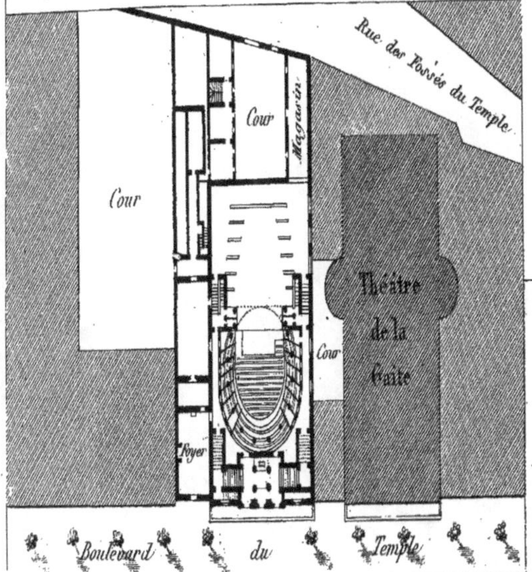

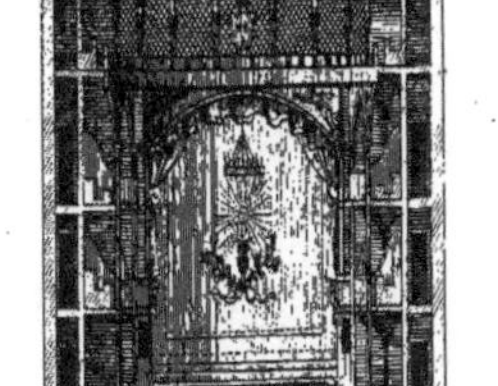

Coupe de l'Ambigu Comique.

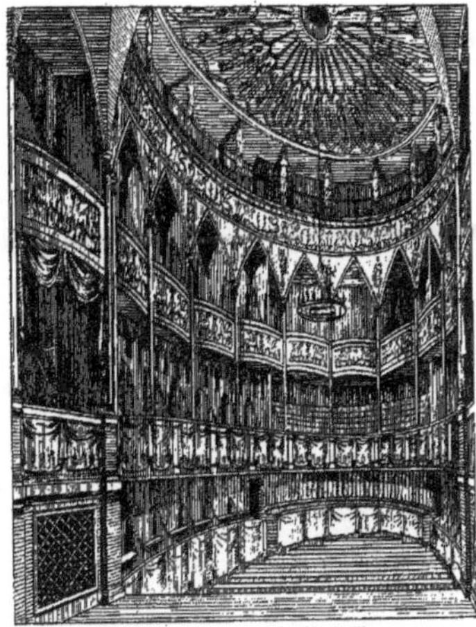

Vue intérieure de la Salle de L'AMBIGU COMIQUE.

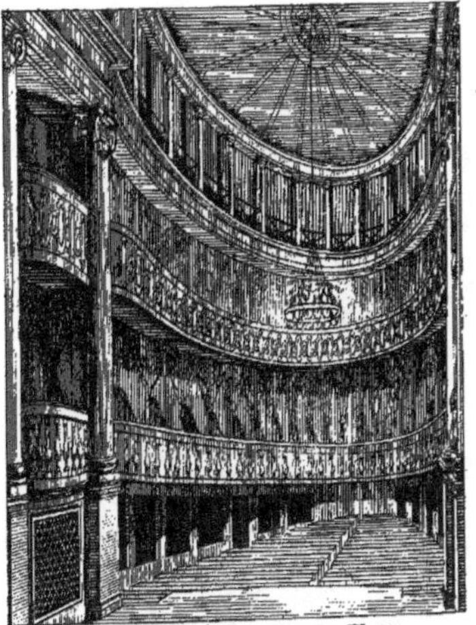

Vue intérieure de la Salle du Théâtre de MOLIÈRE.

A. Donnet mens. et del.

Orgiazzi sculp.

Echelles des Plans. 0 10 20 30 40 Mètr. — 10 20 Tois.

Echelles des Elévations Géométrales. 5 10 15 20 Mètr. — 10 Tois.

Théâtre de **L'ODÉON** *(Restauré en 1820)* Pl. II.

Rue de Vaugirard

Rue de Corneille

Rue de Molière

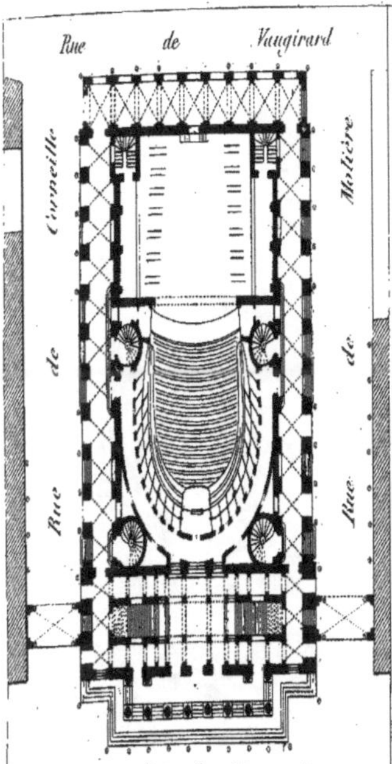

Plan au Rez-de-Chaussée.

Coupe sur la longueur

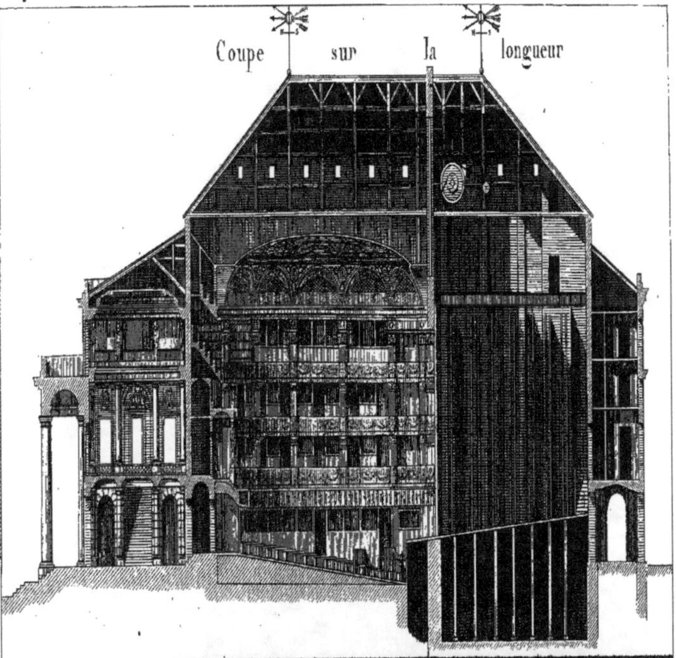

Coupes en travers

Coté intérieur au Théâtre

Pour l'intelligence de la disposition du Chassis de fer

Coté intérieur à la Salle

Pour l'intelligence de la disposition de l'avant-scène et du Rideau

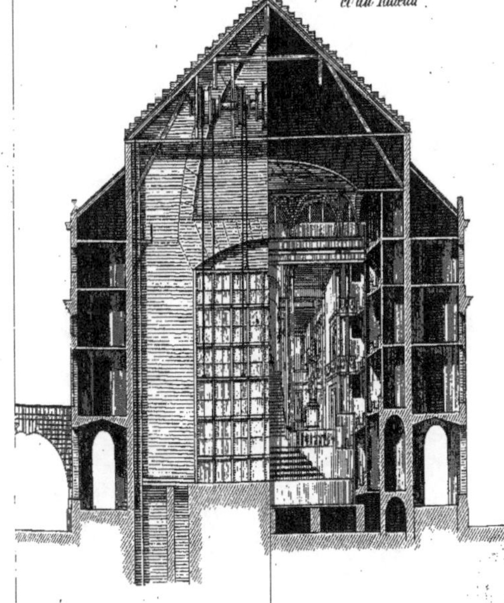

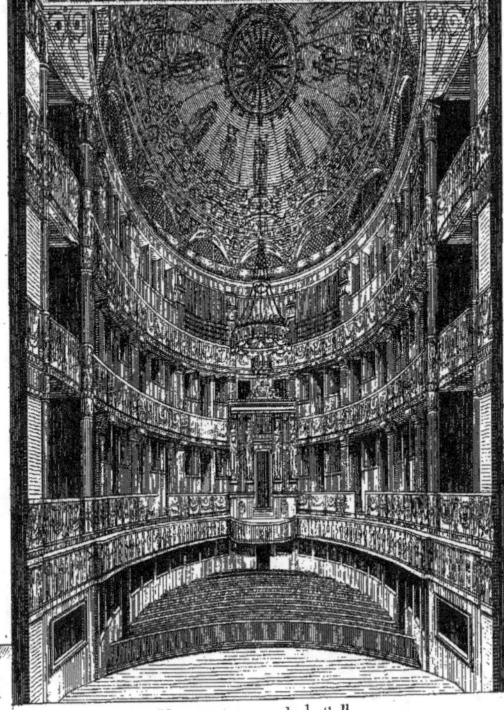

Vue intérieure de la Salle.

A. Dannet mens. et del.

Orginazzi sculp.

Echelles des Plans.

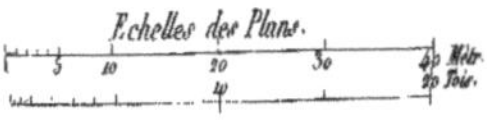

5 10 20 30 40 Mètr.

10 20 Tois.

Echelles des Elévations Géométrales.

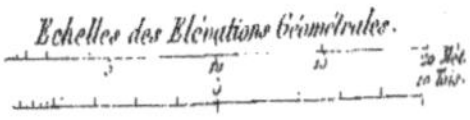

5 10 15 20 Mèt.

5 10 Tois.

Théâtres LOUVOIS et du VAUDEVILLE.

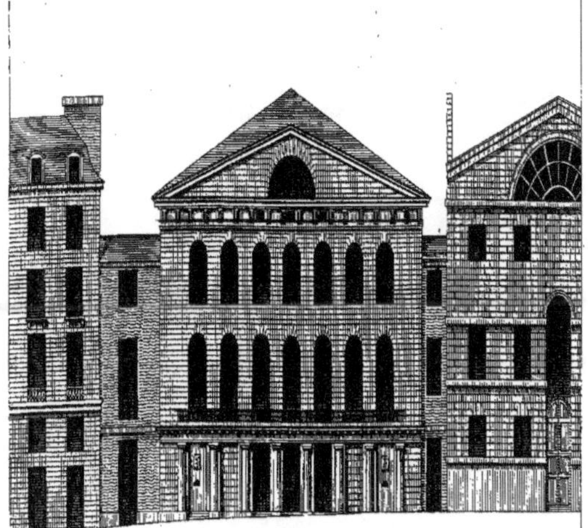
Elévation de Louvois.

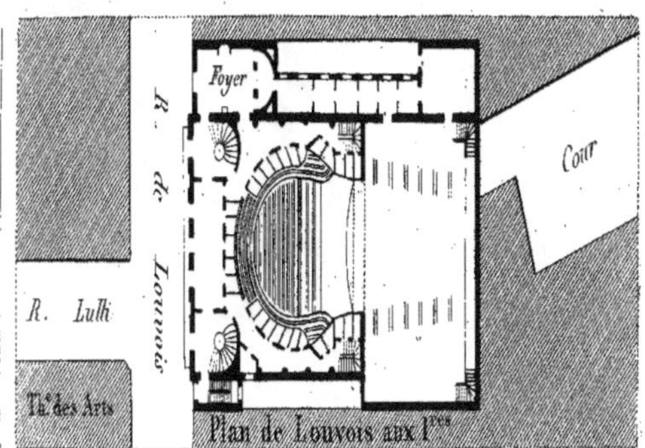

Plan de Louvois aux 1.res

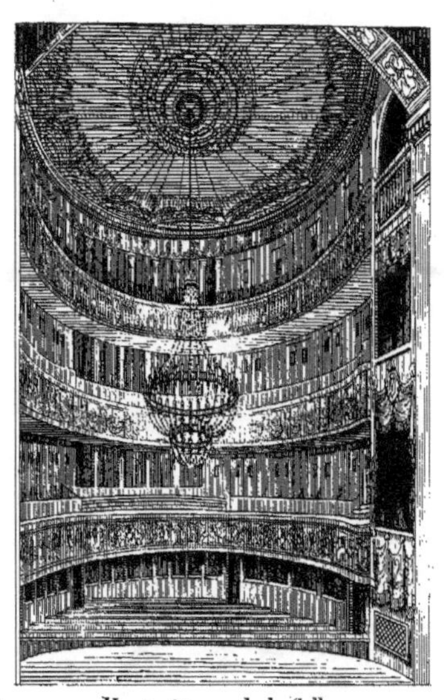
Vue intérieure de la Salle de **LOUVOIS**.

Coupe du Théâtre Louvois.

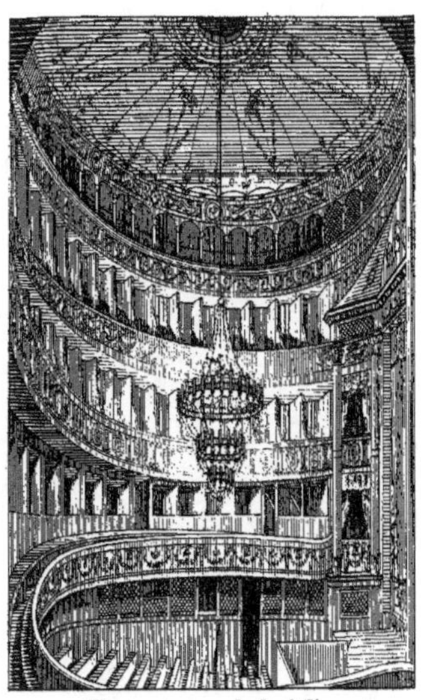
Vue intérieure de la Salle du **VAUDEVILLE**.

A. Donnet mens. et del.

Orgiazzi sculp.

Echelles des Plans.

Echelles des Elévations Géométrales.

Théâtres des ARTS, ancien OPÉRA *(Détruit)* et du VAUDEVILLE.

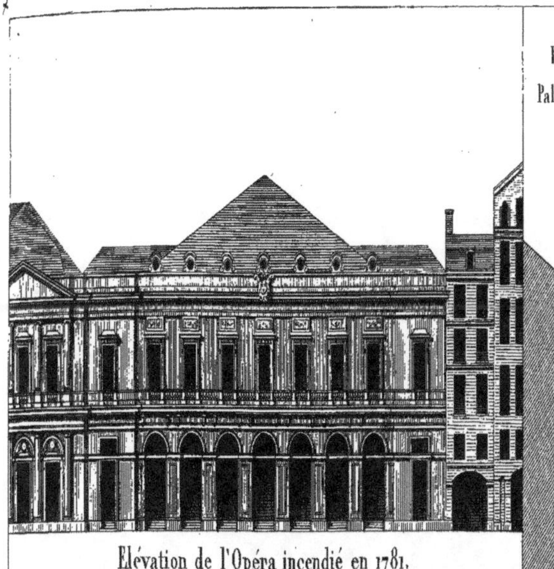

Elévation de l'Opéra incendié en 1781.

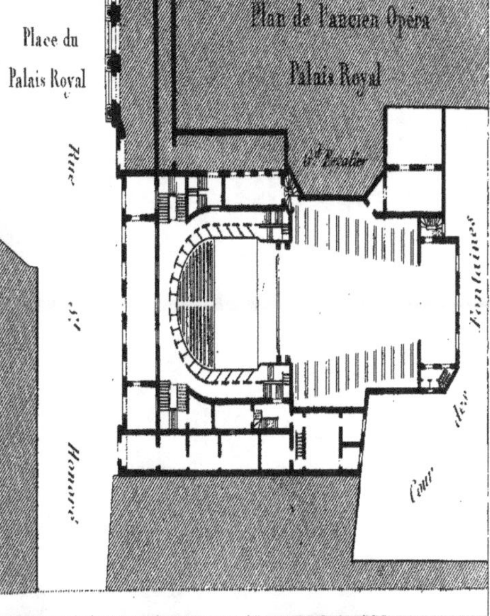

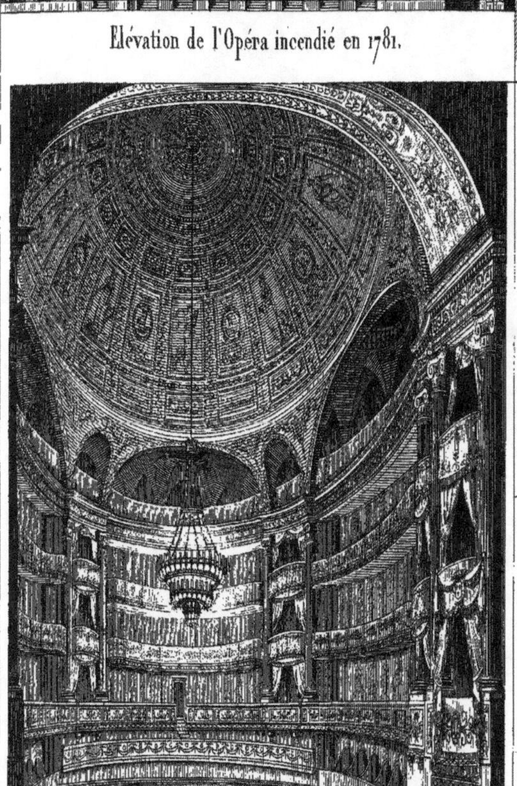

Vue intérieure du Théâtre des Arts.

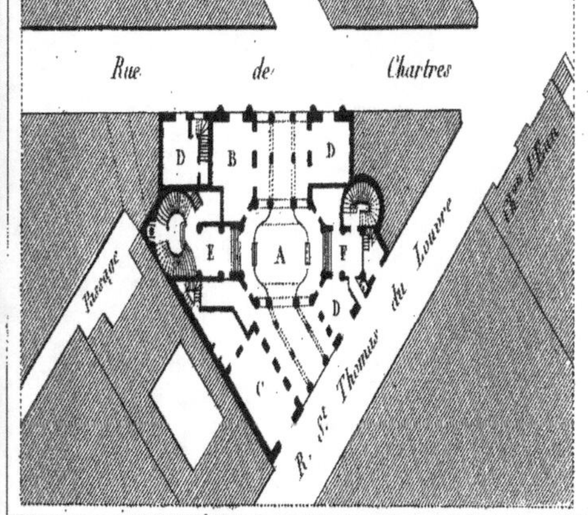

Plans du Vaudeville

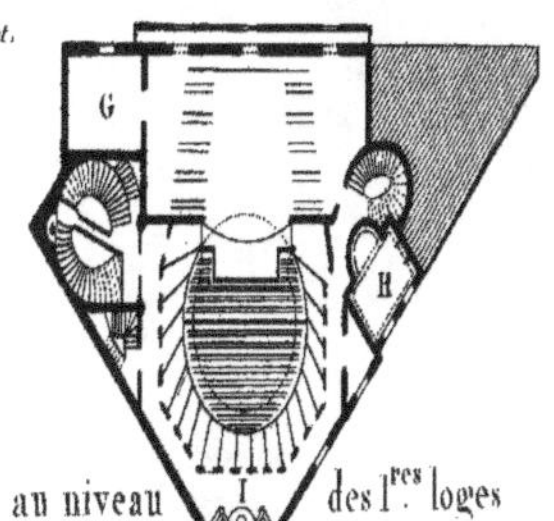

au niveau des 1res loges

A. *Passage des voitures pour descendre à couvert.*
B. *Café*
C. *Restaurant*
D. *Boutiques*
E. *Escalier d'entrée a double rampe*
F. *Escalier de sortie*
G. *Foyer d'acteurs*
H. *Foyer public*
I. *Escalier des loges*

A. Donnet mens. et del. — Orgiazzi sculp.

Echelles des Plans. 20 Mètr. 10 Toi.

Echelles des Elévations Géométrales. 20 Mètr. 10 Toi.

Théâtre des **ARTS**. Pl. 14.

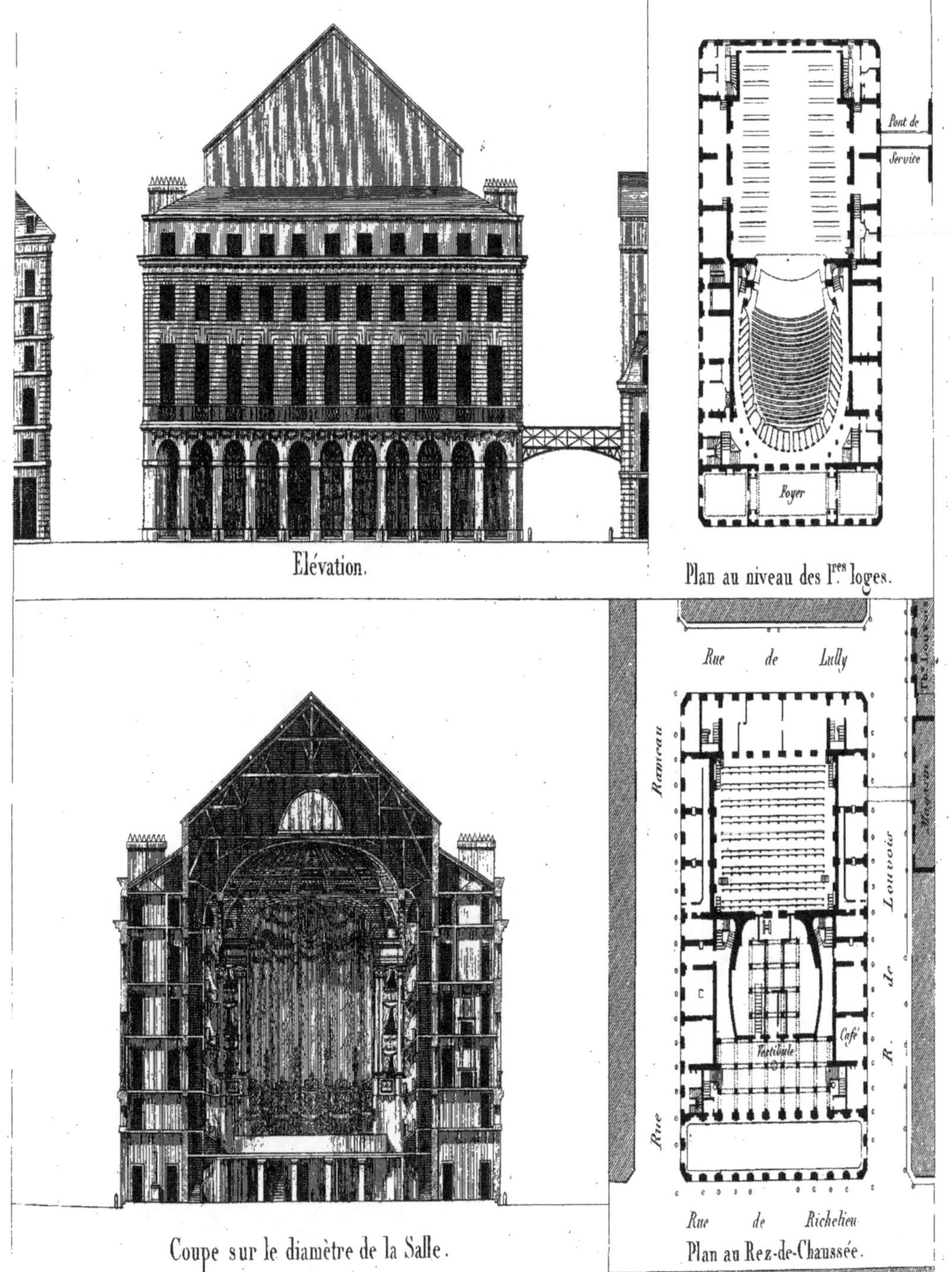

Elévation.

Plan au niveau des Ires loges.

Coupe sur le diamètre de la Salle.

Plan au Rez-de-Chaussée.

A. Donnet mens. et del. Orgiazzi sculp.

Echelles des Plans.

0 5 10 20 30 40 Mètr.

10 20 Toise

Echelles des Elévations Géométrales.

0 5 10 15 20 Mètr.

5 10 Toise

CIRQUES OLYMPIQUES.

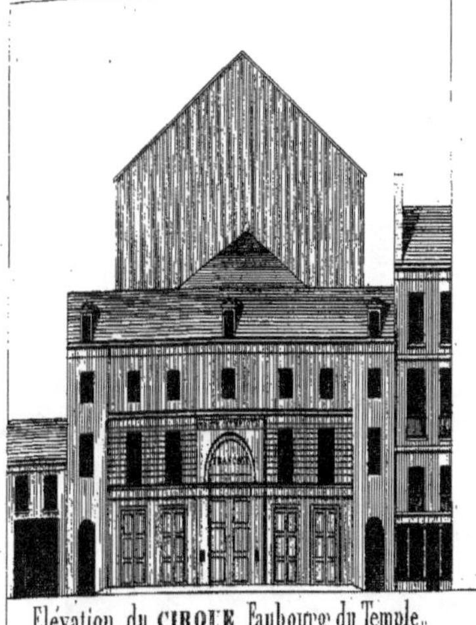

Elévation du CIRQUE Faubourg du Temple.

Coupe sur la longueur du CIRQUE Faubourg du Temple.

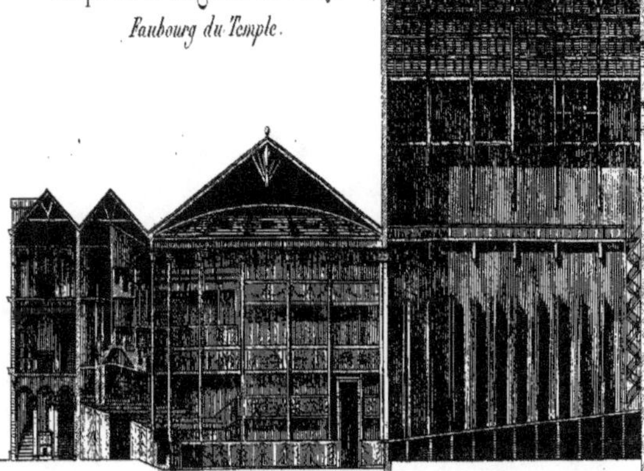

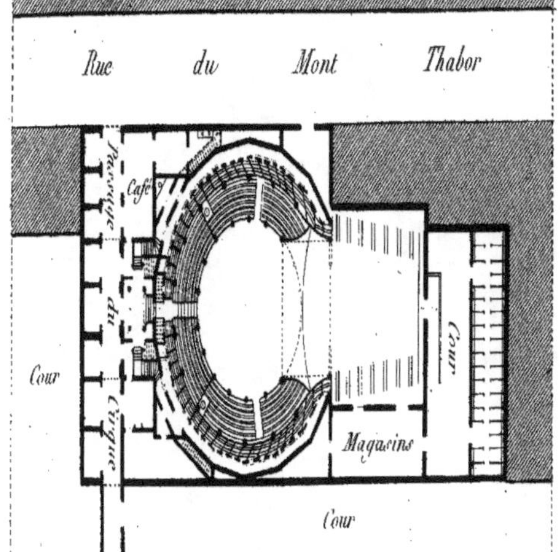

Plan du CIRQUE du Mont Thabor.

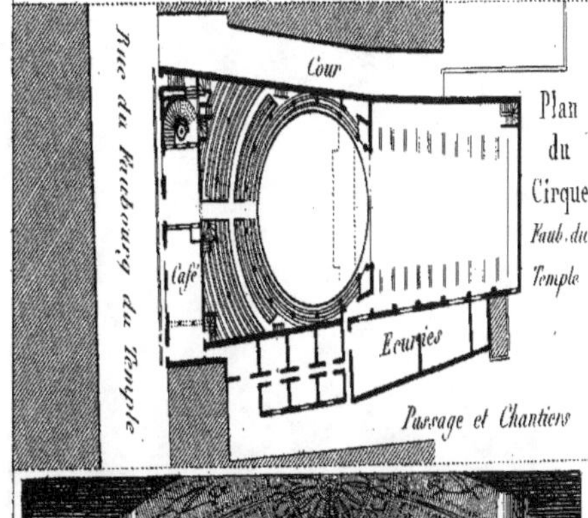

Plan du Cirque Faub. du Temple

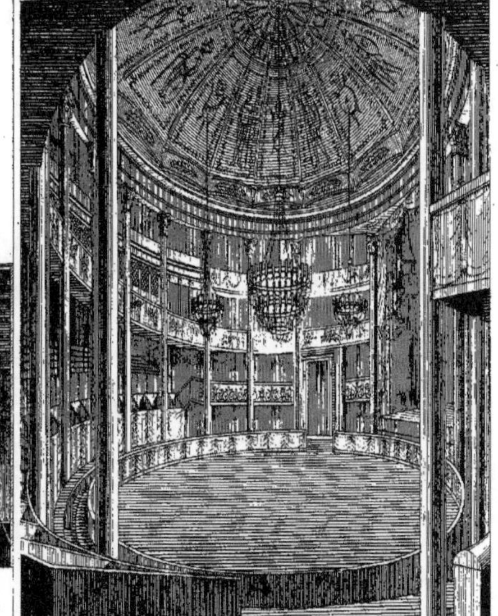

Coupe sur la longueur du CIRQUE du Mont Thabor.

A. Donnet mens. et del.

Orgiazzi sculp.

Vue intérieure du CIRQUE Faub. du Temple.

Echelles des Plans.

5 10 20 30 40 Mètr.
10 20 Tois.

Echelles des Elévations Géométrales.

5 10 15 20 Mètr.
5 10 Tois.

Théâtre OLYMPIQUE (Détruit.)

Pl. 16.

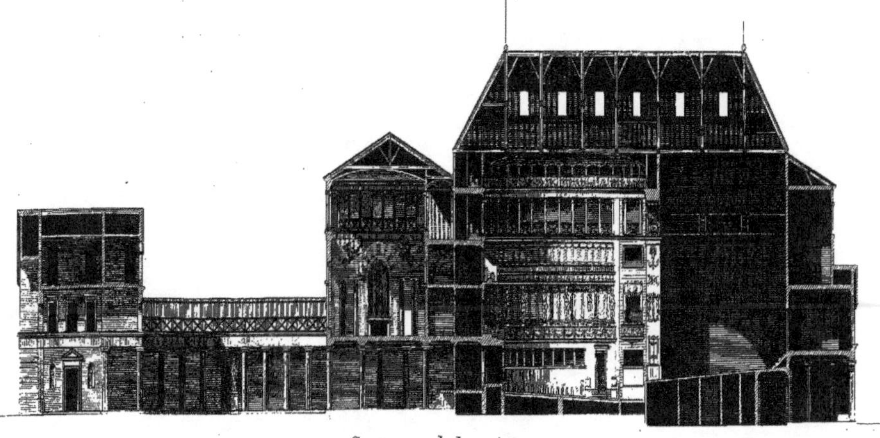

Coupe sur la longueur.

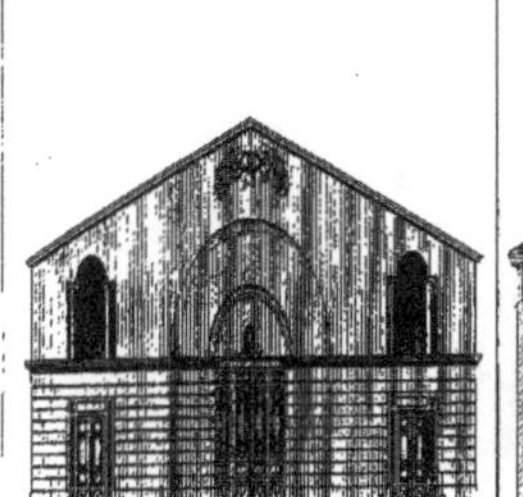

Elévation du Pavillon d'entrée
sur la Rue.

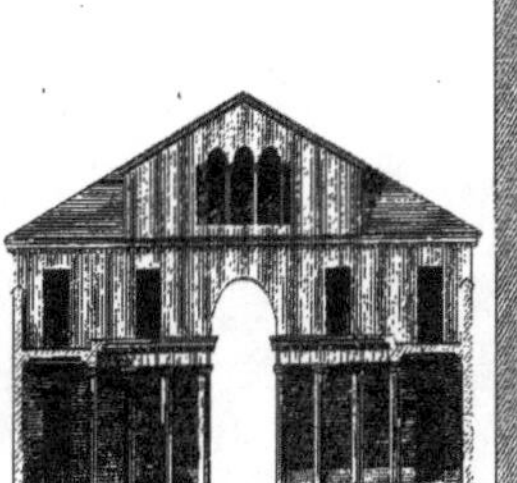

Elévation du Pavillon d'entrée
sur la Cour.

Plan au Rez-de-Chaussée.

Maisons et Jardins Particuliers

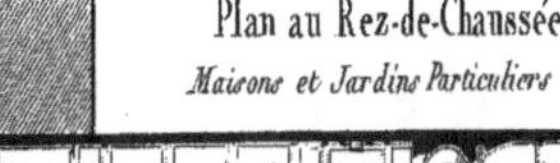

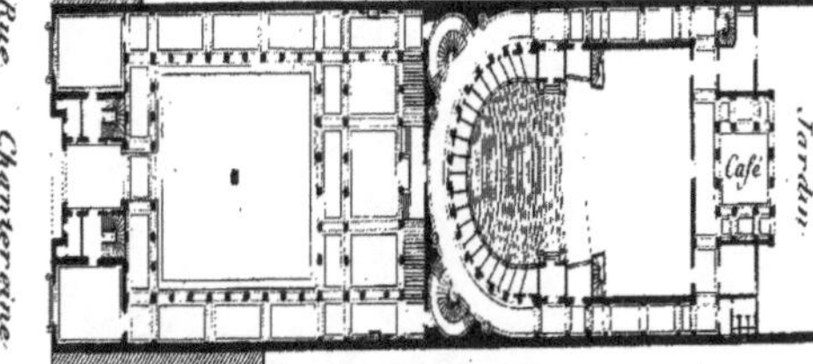

Maisons et Jardins Particuliers

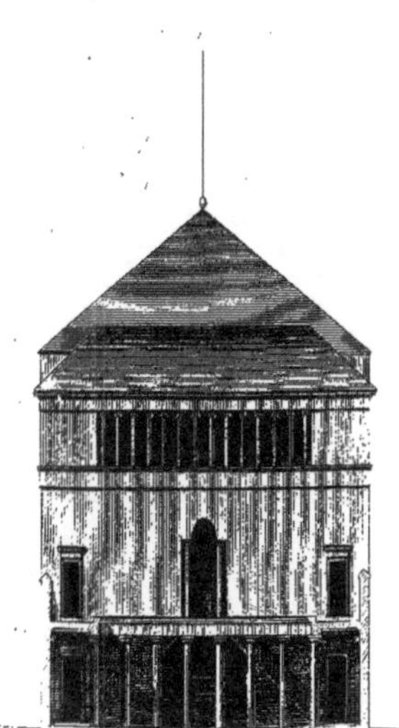

Elévation du Théâtre
Coté de la Cour.

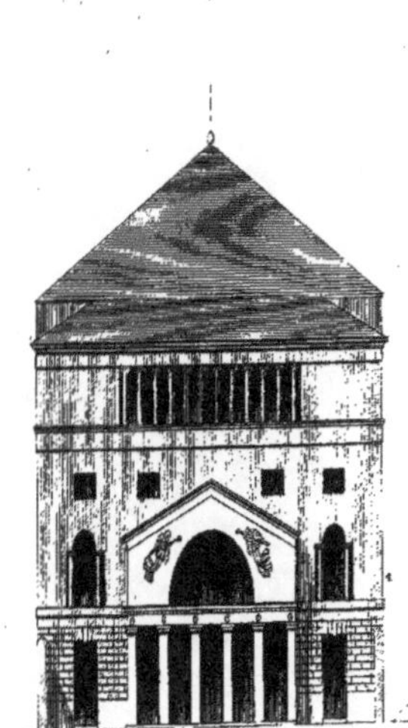

Elévation du Théâtre
Coté du Jardin.

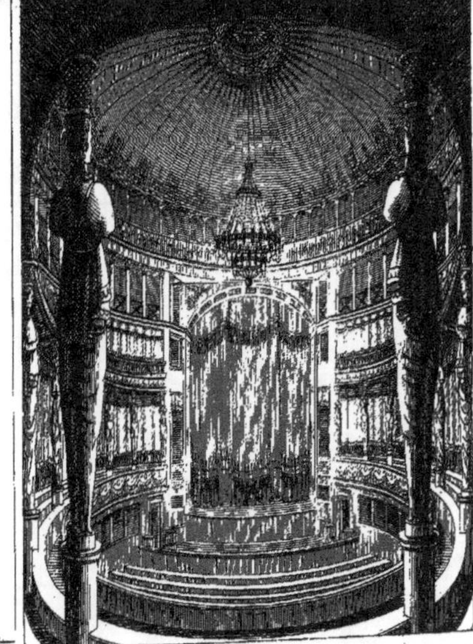

Vue intérieure de la Salle.

A. Donnet mens. et del.

Orgiazzi sculp.

Echelles des Plans.

5 10 20 30 40 Métr.
10 20 Tois.

Echelles des Elévations Géométrales

5 10 15 20 Métr.
5 10 Tois.

Théâtres du CONSERVATOIRE et DE LA CITÉ (Détruit.)

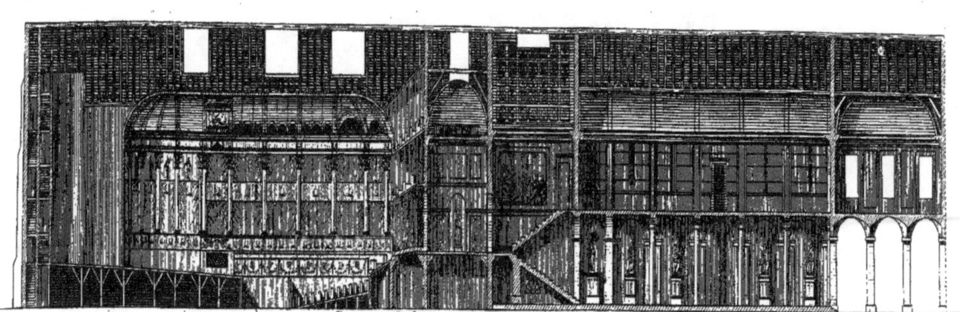
Coupe sur la longueur du Théâtre du Conservatoire.

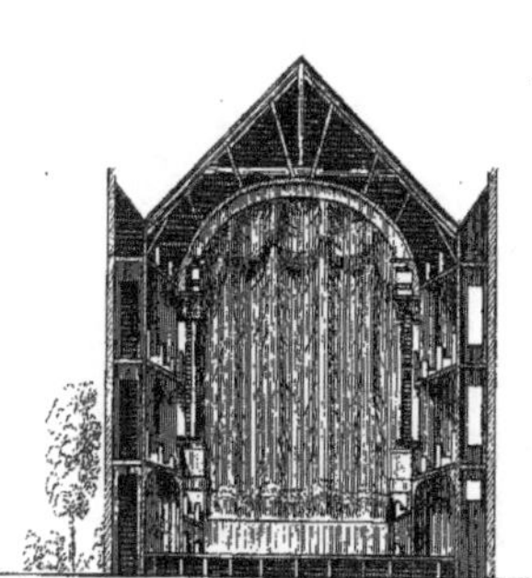
Coupe en travers

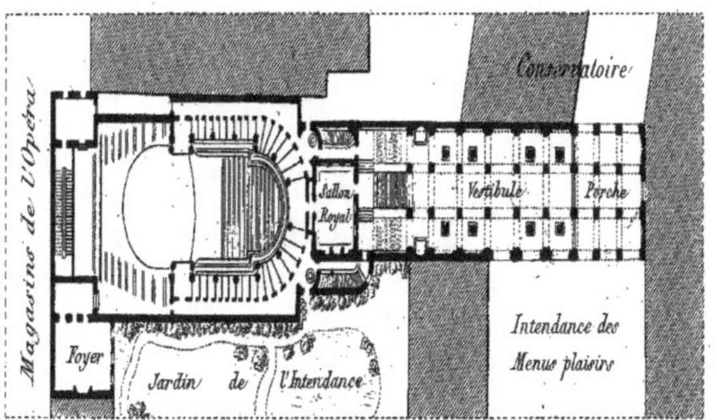

Plan au niveau des premières loges.

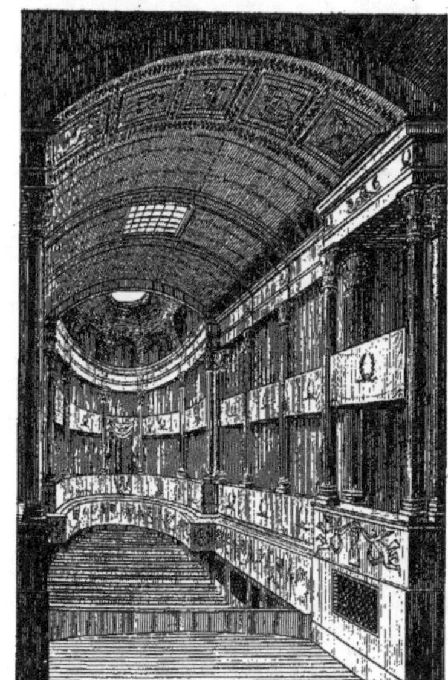
Vue intérieure de la Salle du Conservatoire.

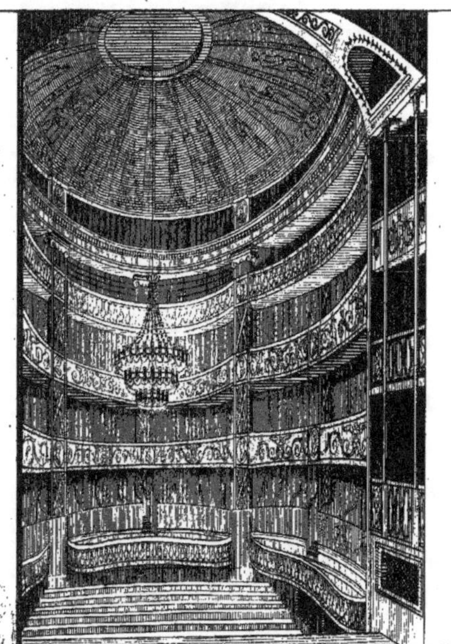
Vue intérieure du Théâtre de la Cité.

A. Donnet mens. et del.

Orgiazzi sculp.

Echelles des Plans.

5 10 20 30 40 Mèt.
10 20 Tois.

Echelles des Elévations Géomètrales.

5 10 15 20 Mèt.
5 10 Tois.

Théâtre du Palais des TUILERIES

Coupe transversale.

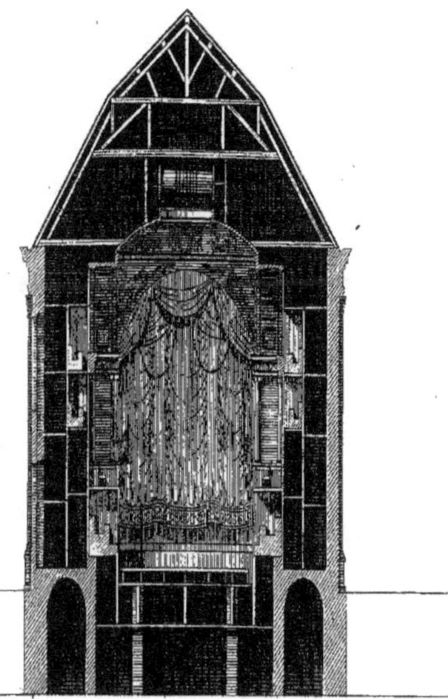

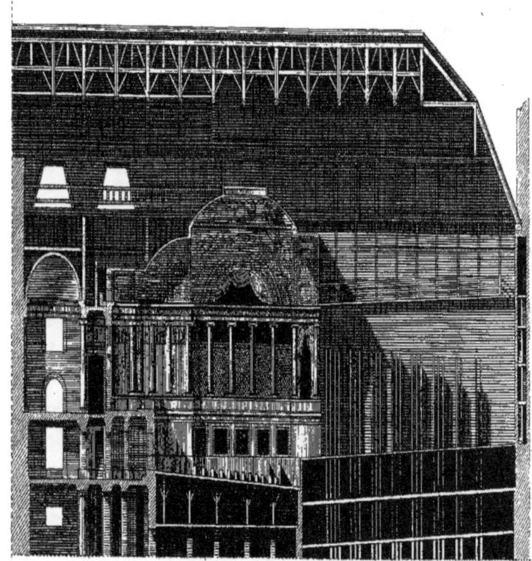

Coupe sur la longueur.

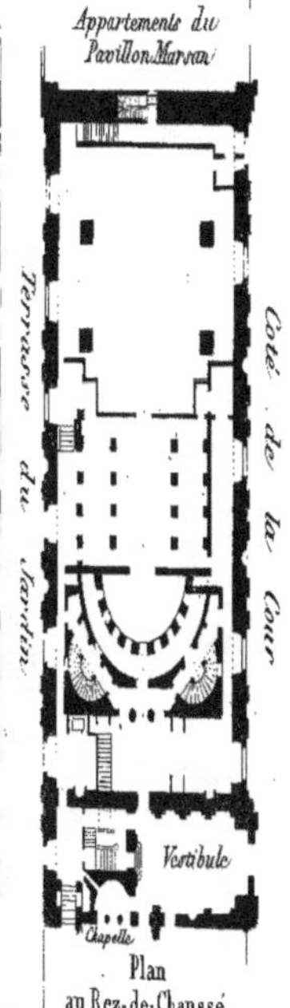

Plan au Rez-de-Chaussé.

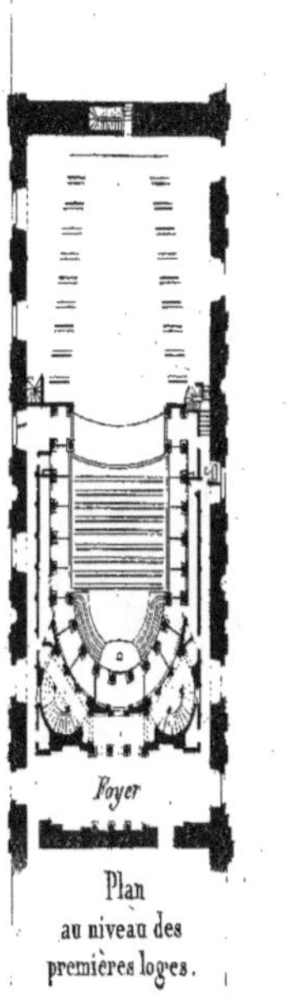

Plan au niveau des premières loges.

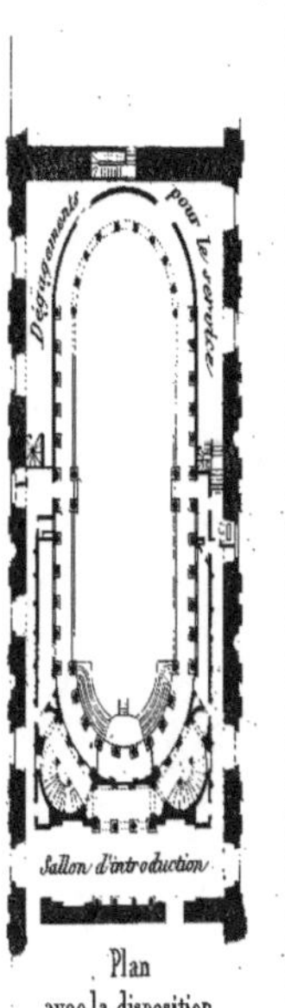

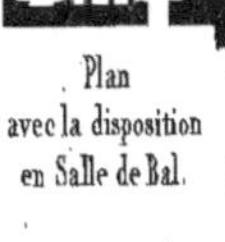

Plan avec la disposition en Salle de Bal.

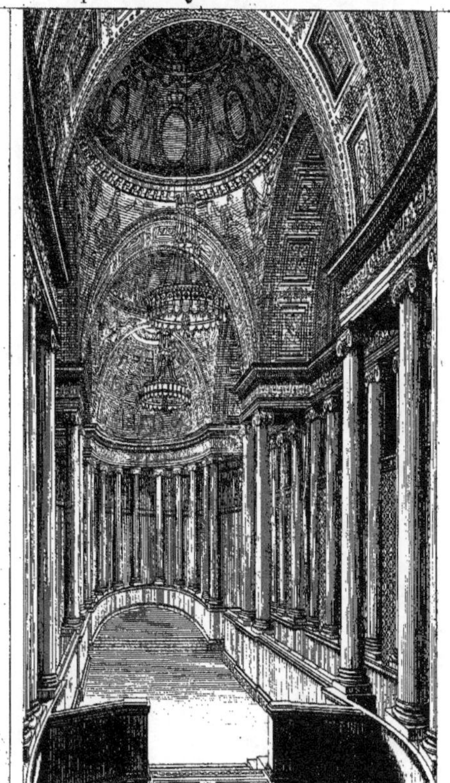

A. Donnet mens. et del.

Orgiazzi sculp.

Vue intérieure de la Salle de Bal *Prise de l'entrée d'honneur.*

Echelles des Plans.

0 10 20 30 40 Métr.

10 20 Tois.

Echelles des Elévation Géométrales.

0 5 10 15 20 Métr.

5 10 Tois.

Théâtre de **L'ACADÉMIE ROYALE DE MUSIQUE** (Opéra.) Pl. 19.

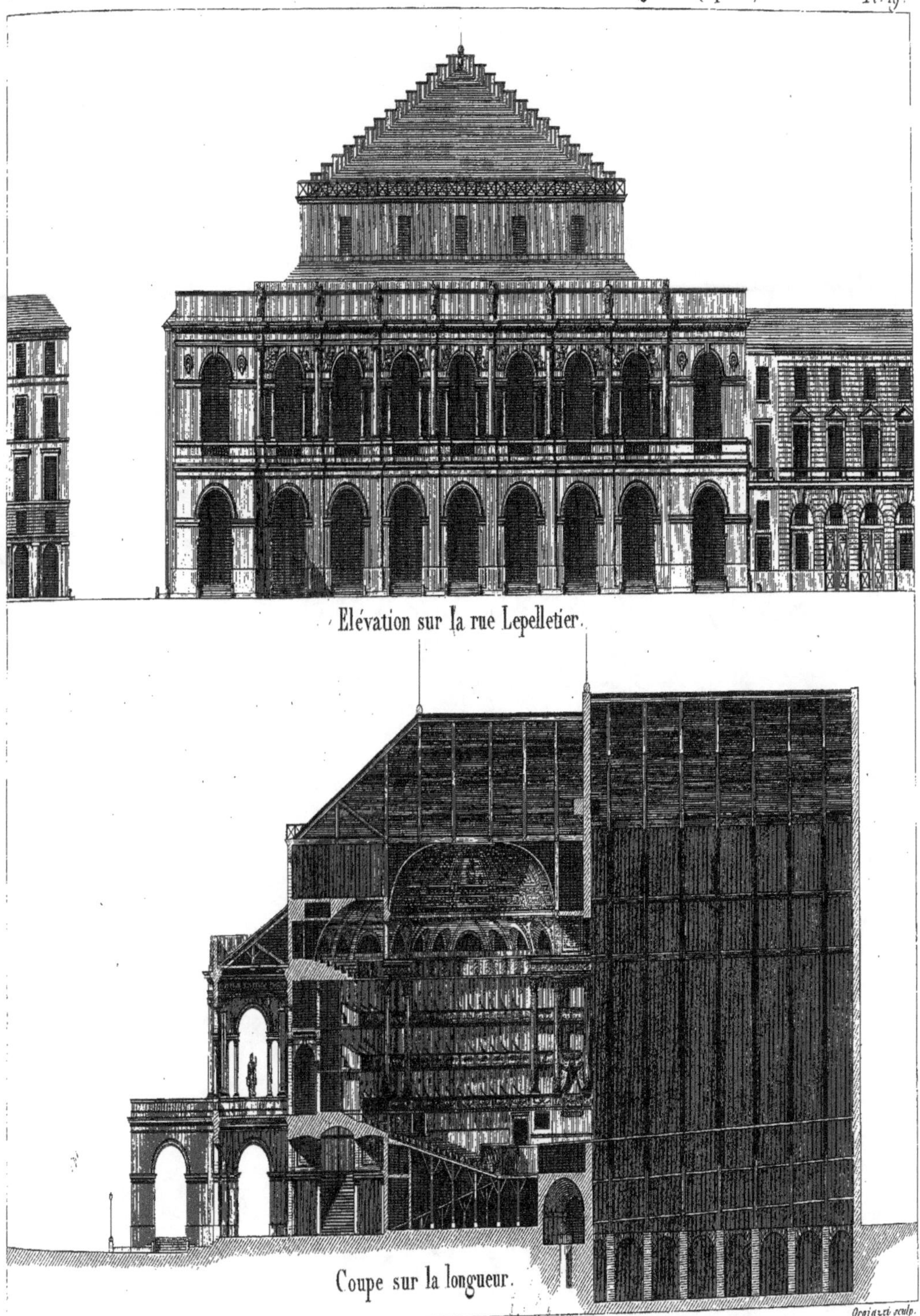

Elévation sur la rue Lepelletier.

Coupe sur la longueur.

A. Donnet mens. et del. Orgiazzi sculp.

Echelles des Elévations Géométrales.

Théâtre de L'ACADÉMIE ROYALE DE MUSIQUE (Opéra)

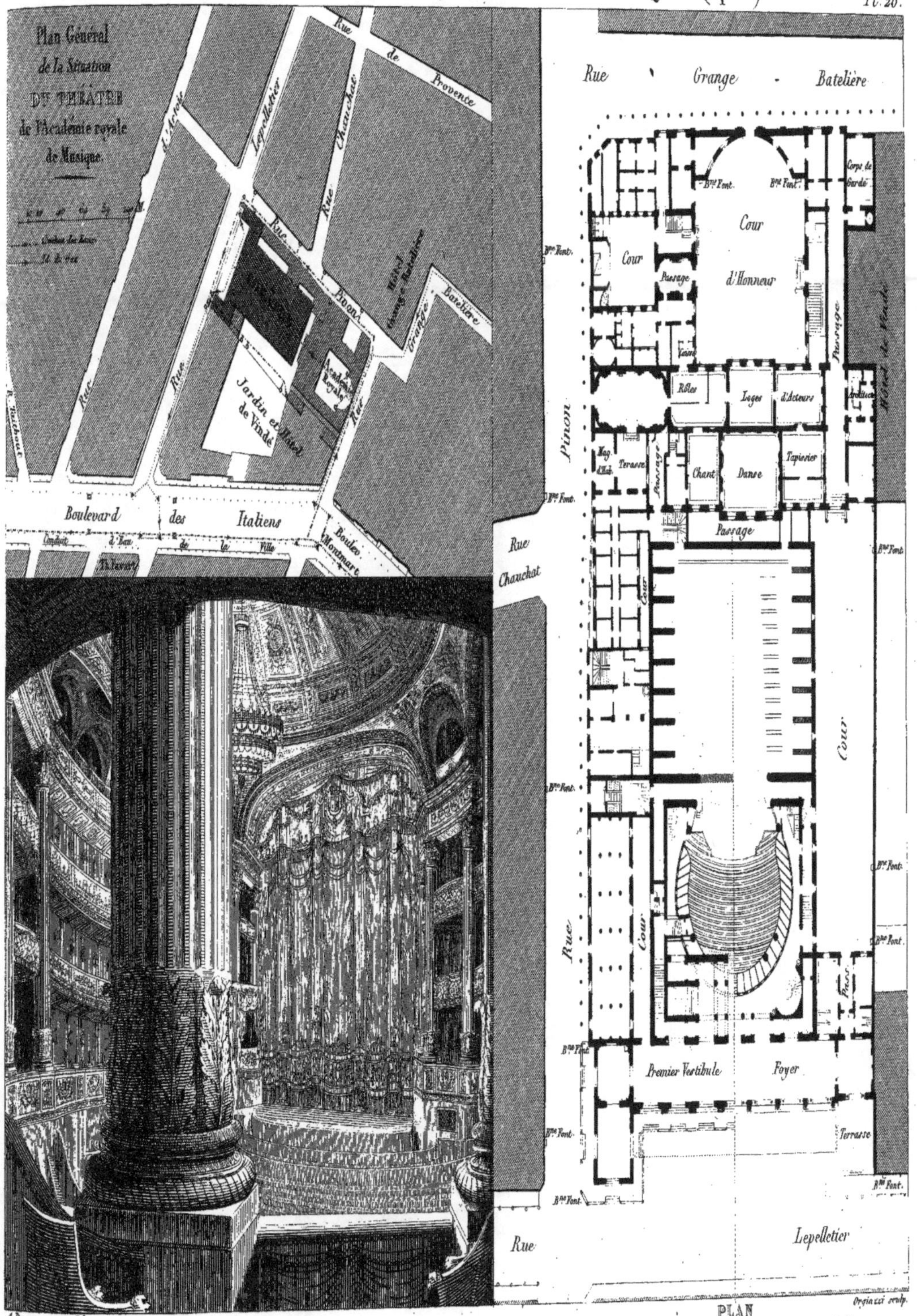

Vue intérieure

Prise de la Loge de M. le Duc d'Orléans.

PLAN

Coté pris au Rez-de-Chaussée. Coté pris au niveau du Foyer.

Echelles du Plan.

5 10 20 30 40 Metr.

10 20 Tois.

Théâtre FRANÇAIS (*Restauré en 1822.*)

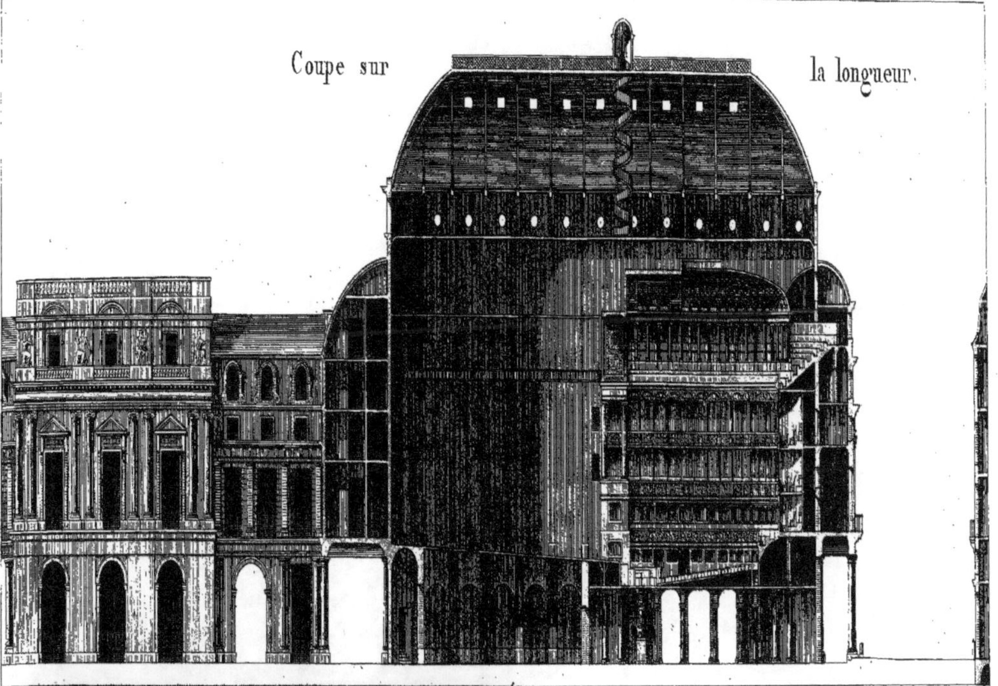

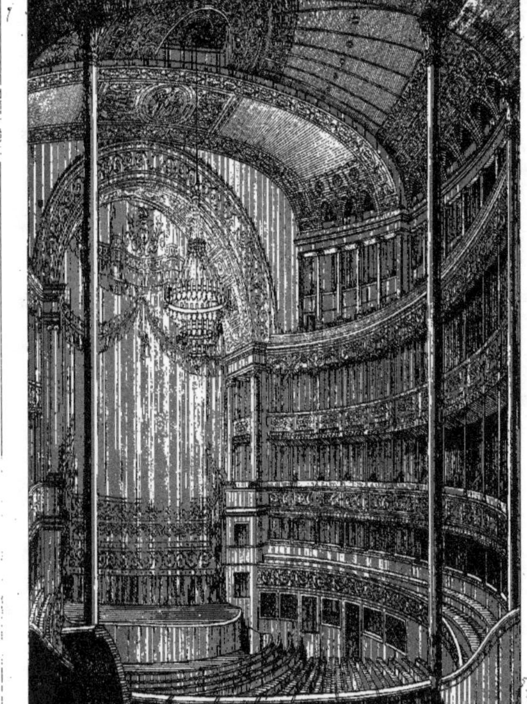

d. Donnet mens. et del.

Vue intérieure de la Salle.

Echelles des Plans

5 10 20 30 40 Mèt.

10 20 Tois.

PLANS

de la partie comprenant la Salle.

au niveau du Parterre.

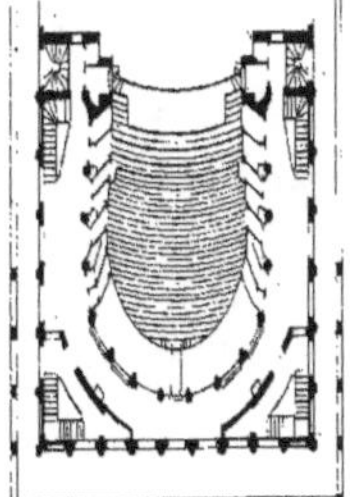

au niveau de la 2.e Gallerie.

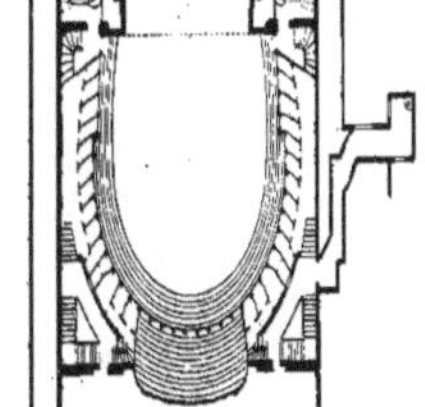

Rue de Richelieu

Orgiazzi sculp.

Echelles des Elévations Géométrales.

5 10 15 20 Mèt.

5 10 Tois

Théâtres du PANORAMA DRAMATIQUE et du MONT PARNASSE

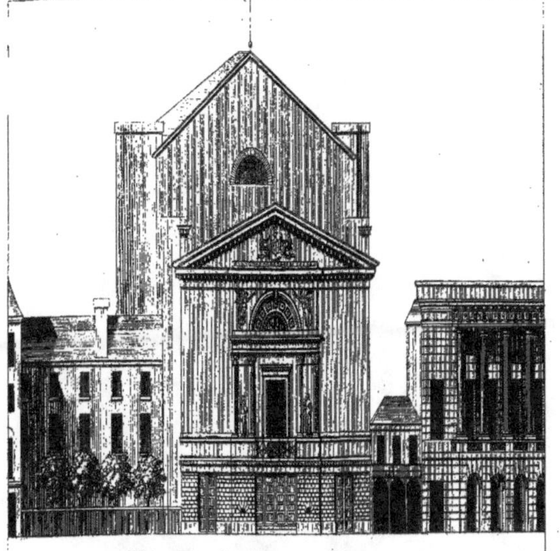

Elévation du Panorama Dramatique

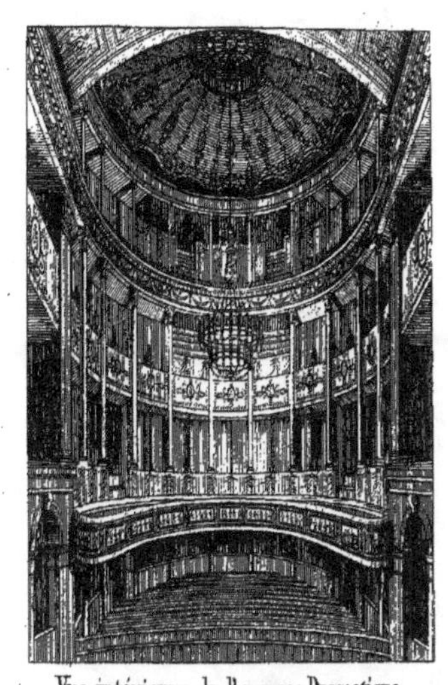

Vue intérieure du Panorama Dramatique

Plan du Panorama Dramatique au niveau des Ires Loges

Rue des Fossés du Temple

Ancien Théâtre Lazzari

1er Alignement donné

Boulevard du Temple

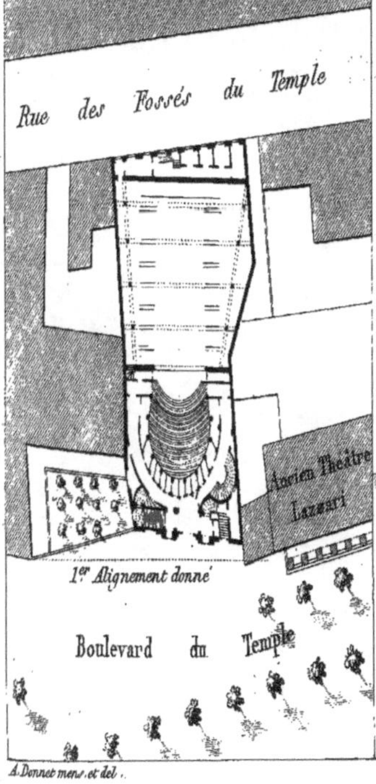

Panorama Dramatique

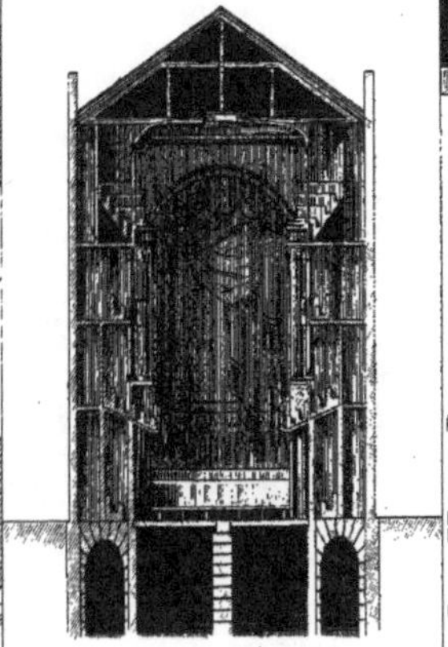

Coupe Transversale

THÉÂTRE DU MONT PARNASSE

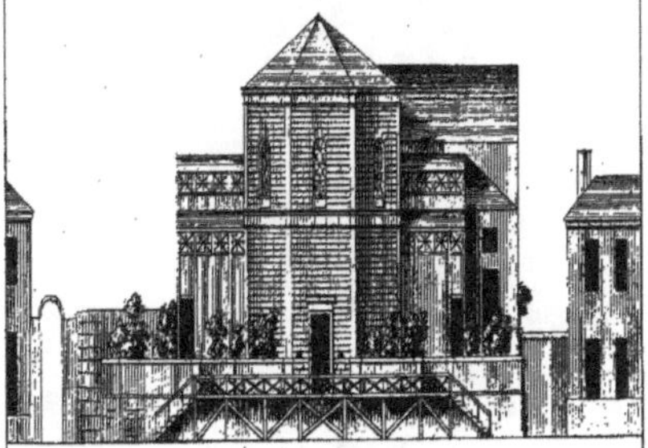

Elévation

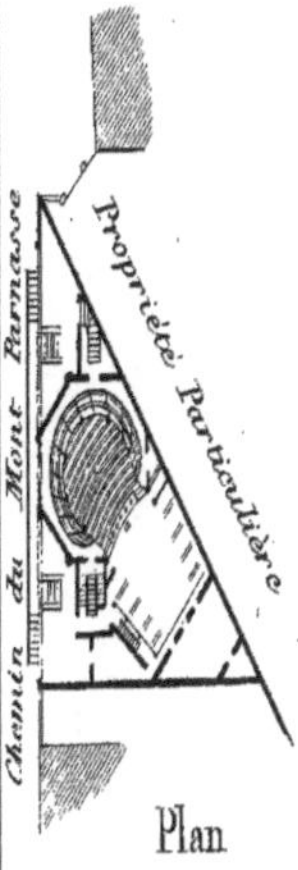

Chemin du Mont Parnasse

Propriété Particulière

Plan au niveau des Ires Loges

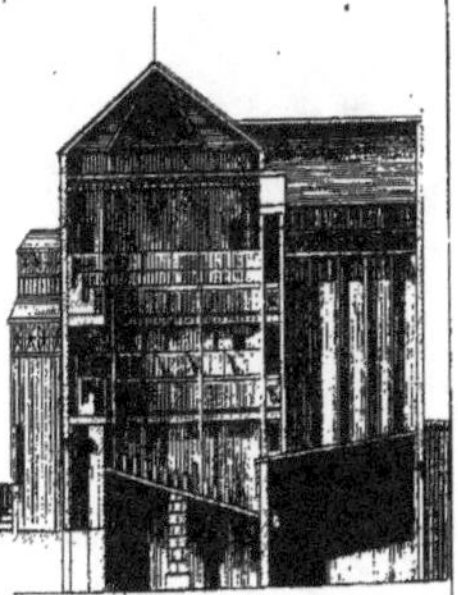

Coupe sur la longueur

A. Donnet mens. et del.

Orgiazzi sculp.

Echelles des Plans

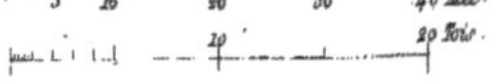

5 10 20 30 40 Mèt.

10 20 Toises.

Echelles des Elévations Géométrales

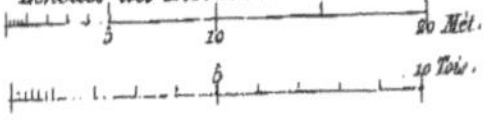

5 10 20 Mèt.

5 10 Toises.

DIORAMA et WAUXHALL

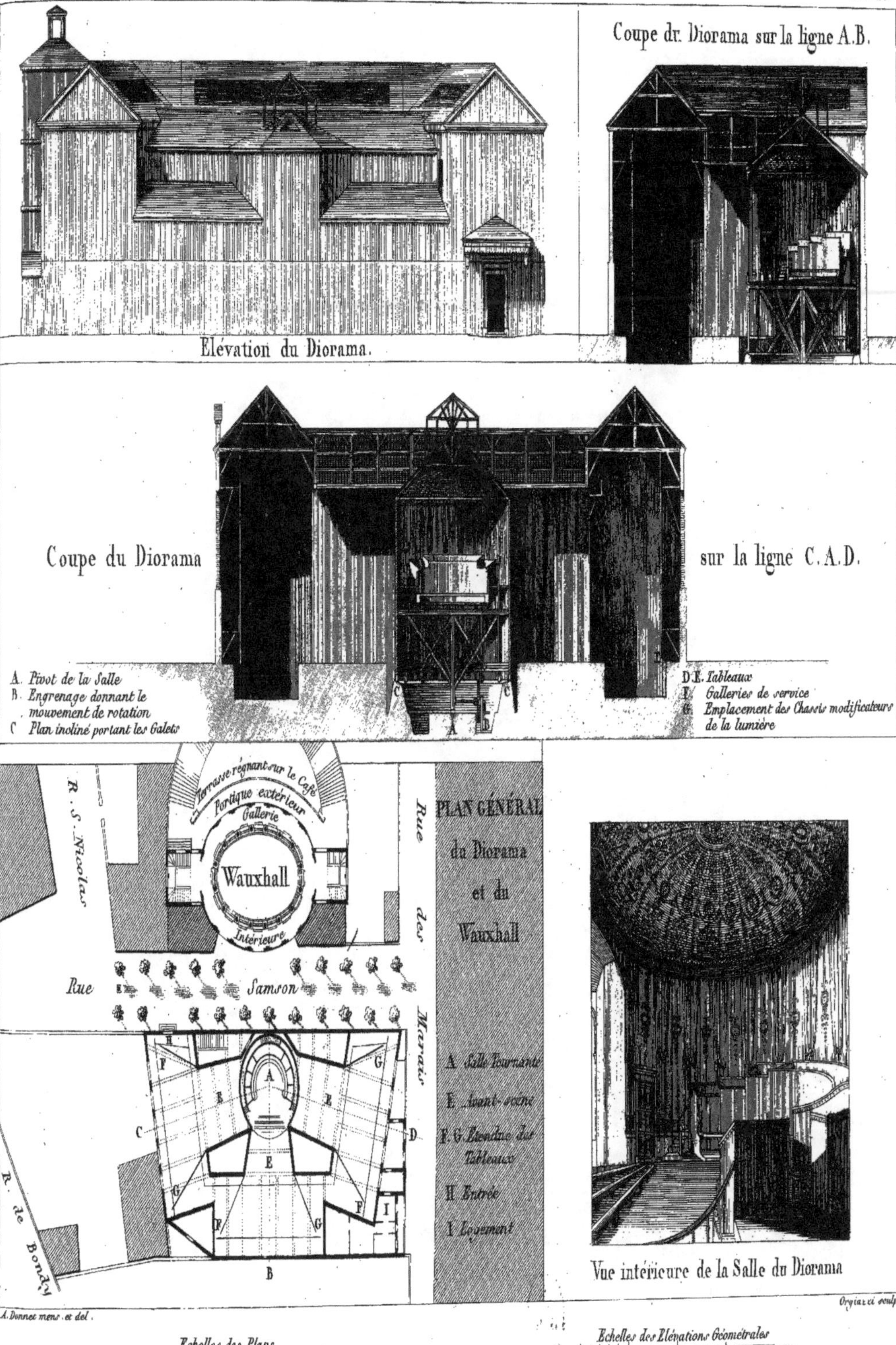

A. Donnet mens. et del.

Orgiazzi sculp.

Echelles des Plans

5 10 20 30 40 Mét.

10 20 Tois.

Echelles des Elévations Géométrales

5 10 15 20 Mét.

5 10 Tois.

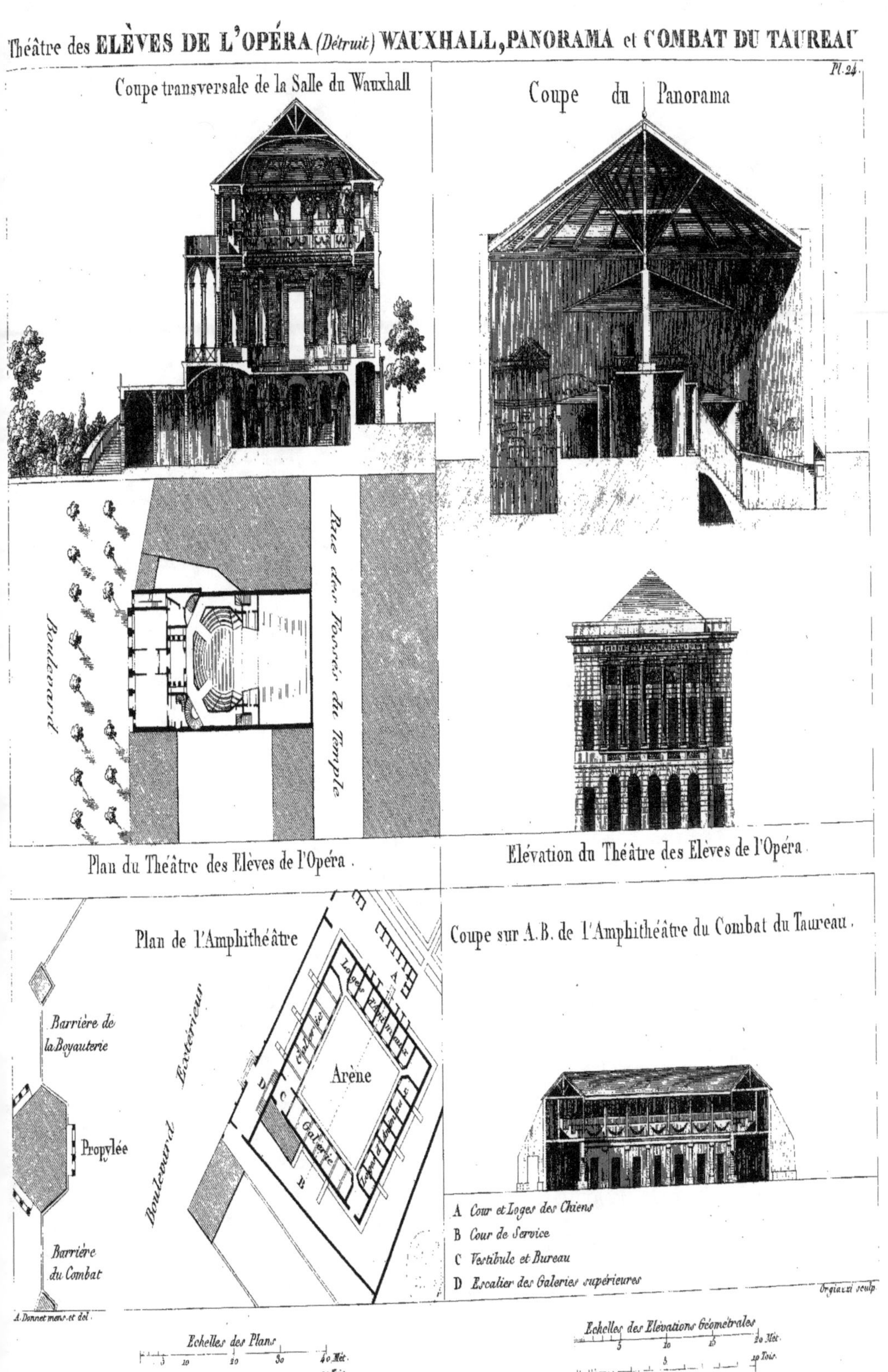
Théâtre des ELÈVES DE L'OPÉRA (Détruit) WAUXHALL, PANORAMA et COMBAT DU TAUREAU
Pl. 24.
Coupe transversale de la Salle du Wauxhall
Coupe du Panorama
Boulevard
Rue des Fossés du Temple
Plan du Théâtre des Elèves de l'Opéra.
Elévation du Théâtre des Elèves de l'Opéra.
Plan de l'Amphithéâtre
Coupe sur A.B. de l'Amphithéâtre du Combat du Taureau.
Barrière de la Boyauterie
Propylée
Barrière du Combat
Boulevard Extérieur
Arène
Galerie
Galerie
A
B
C
D
A Cour et Loges des Chiens
B Cour de Service
C Vestibule et Bureau
D Escalier des Galeries supérieures
A. Donnet mens. et del.
Orgiazzi sculp.
Echelles des Plans
40 Mét.
20 Toises
Echelles des Elévations Géométrales
20 Mét.
10 Toises

Théatres de **MONTMARTRE** du **LUXEMBOURG**, Plan du **PANORAMA.** Pl. 25.

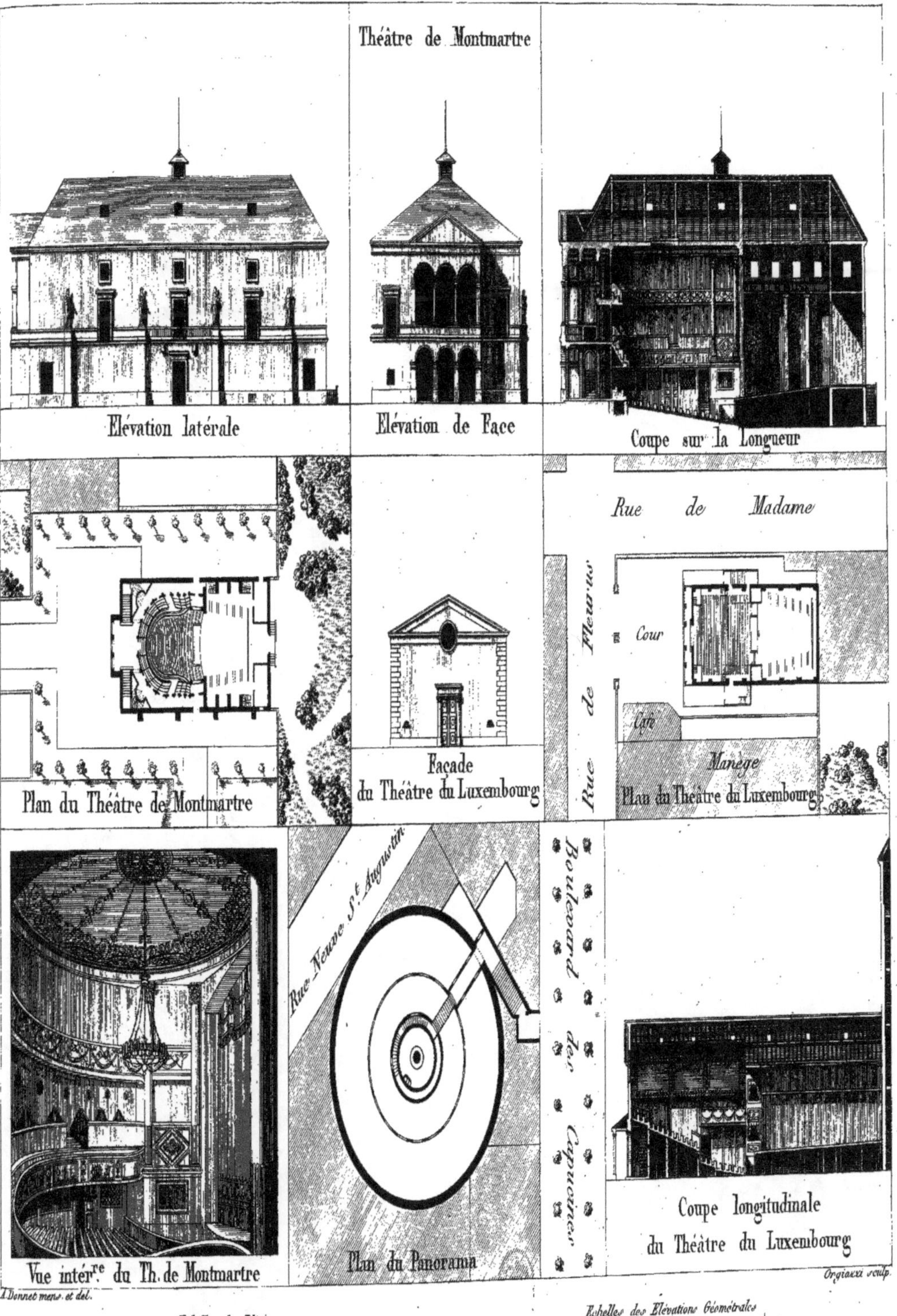

PLAN TOPOGRA... QUE DE PARIS,

DIVISÉ EN SES 12 ARRONDISSEMENS ET INDIQUANT ... LES ÉDIFICES ET ÉTABLISSEMENS PUBLICS.

DRESSÉ POUR SERVIR À TOUS LES ITINÉRAIRES ET GUIDES DE CETTE ... INGÉNIEUR-GÉOGRAPHE ATTACHÉ AU CADASTRE.

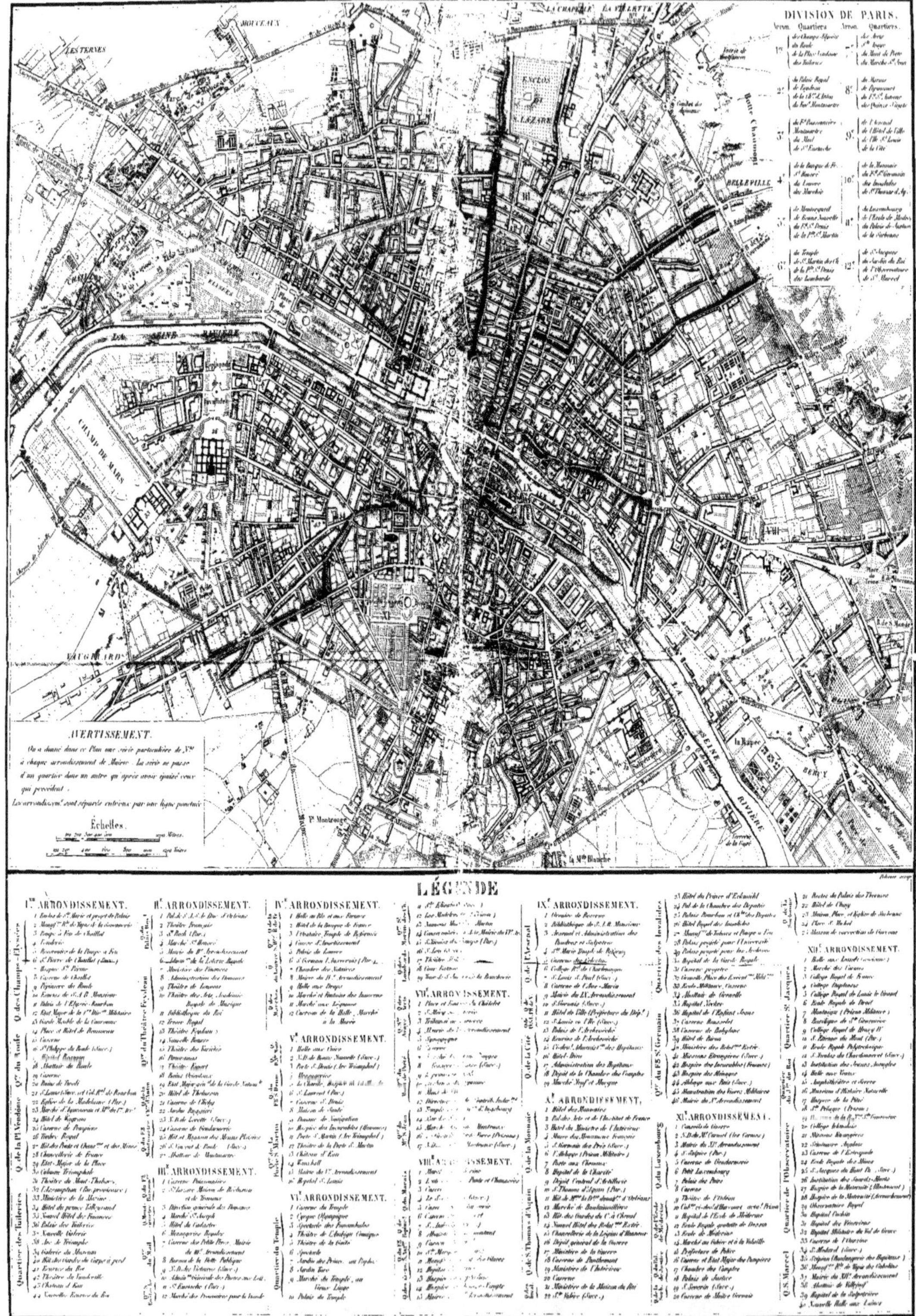

Gravé et Publié par ORGIAZZI, Graveur ... de la Guerre, Rue de la Harpe, N.° 102.

www.ingramcontent.com/pod-product-compliance
Lightning Source LLC
LaVergne TN
LVHW012002160826
845678LV00002B/673

* 9 7 8 2 3 2 9 6 8 3 7 2 0 *